KB235280

붓다
콘서트

붓다 콘서트

부처님 교화공원 이야기 16

1판 1쇄 펴낸날 2012년 10월 21일
1판 3쇄 펴낸날 2022년 10월 11일

지은이 오성일
사 진 진공 최수길
펴낸이 이규만

펴낸곳 불교시대사
책임편집 사기순
디자인 WOOJIN(宇珍)
출판등록 1991년 3월 20일 제 300-1991-27호
주 소 서울시 종로구 인사동 7길 12 백상빌딩 1305호
전 화 (02) 730-2500
팩 스 (02) 723-5961

ⓒ 오성일, 2012

값 9,000원

ISBN 978-89-8002-135-2 03220

붓다 콘서트

부처님 교화공원 이야기 16

성일 스님

Buddha Concert

청소년 야사교화
환락의, 고뇌로부터 깨우쳐주는 야사제도

빔비사라 왕의 귀의와 죽림정사
세상에서 최초로 부처님께 절을 지어드리다

초전법륜
녹야원에서 5비구에게 최초 설법

육방예경
인간으로서 지켜야 할 올바른 삶

어린 라홀라 교화

사리불, 목건련 존자
상수 제자 되고 교단에 큰 힘이 되다

가섭(카샤파) 3형제 제도
1000명 제자와 함께 부처님의 제자가 된 배화교주 가섭 3형제

야사야, 이 세상에서 행하는 것 중에 가장 수승한 행이 보시이다. 보시란 대가를 바라지 않고 아낌없이 베풀어주는 아름다운 행이다. 남을 위해 베푼다는 것은 자기 자신을 위해서도 얼마나 행복한 일인지 모른다. 야사야, 계율을 잘 지키면 마음도 편안하고 행복하다. 그리고 모든 중생이 너

이제 감로의 문은 열렸다. 귀 있는 자 들으라. 낡은 믿음은 멸쳐 버려라. 범천이여! 나는 단지 피로할 뿐이라고 생각하며 미묘한 법을 사람들에게 설하지않았다. 이제 나는 그대들을 위해 묘법을 설하리

사리불과 목건련은 부처님 계신 곳에 이르러 부처님의 발에 자신들의 머리를 대는 예물 갖추고 말씀드렸다. 세존이시여, 저희들은 부처님 곁으로 출가하여 구족계를 받고자 합니다. 오 너라, 비구들이여, 내 이미 교법을 설해 놓았다. 바르게 괴로움을 소멸시키고자 한다면 청정한 수행

이제 감로의 문은 열렸다. 귀 있는 자 들으라. 낡은 믿음은 멸쳐 버려라. 빈천이여나는 단지 피로할 뿐이라고 생각하며 미묘한 법을 사람들에게 설하지 않았다. 이제 나는 그대들을 위해 묘법을 설하리라. 수행승들이여, 여래를 이름이나 벗이라는 말로 불러서는 안 된다. 여래는

빔비사라 왕의 소원. 첫째 소원은 왕 위에 오르는 것이었는데 이루어졌습니다. 둘째 소원은 저의 영토에 광동하며 바르고 원만하게 깨달으신 부처님이 오셨으면 하는 것이었는데 이루어졌습니다. 셋째 소원은 부처님을 모셔 뵀으면 하는 것이었는데 이루어졌습니다. 넷째 소원은 부처님께서 저에게 법을 설해 주셨으면 하는 것이었는데 이루어졌습니다. 다섯째 소원은 부처님 밤을

우루빨라 마을에는 카샤파 3형제라 불리는 자들이 민중들로부터 큰 존경을 받으며 영광을 누리고 있었다. 성이 카사파로 장남 우루빨라, 차남 나디, 삼남 가야라고 불리는 바라문 출신의 종교가로 1000명의 제자를 거느리고 있었다. 바라문의 전통에 따라 베다를 읽으며 불을 신성시하고 존중하여 불의 신인 아그니에게 제사를 지내는 배화교도였다.

카샤파의 처소를 찾아간 부처님은 카샤파여, 괜찮다면 오늘 하룻밤 그대의 성화당에서 묵을 수 있겠습니까? 상관없지만 그 안에 무서운 독룡이 살고 있어 해칠지도 모릅니다 하고 말했다. 부처님은 독룡을 제압하고 당당히 나오셨다.

불교시대사
1% 나눔의 기쁨

29년 전에 인도 부처님 성지를 처음 순례하였을 적에 제일 먼저 룸비니 동산을 참배하고 나오는 버스 속에서 두 시간이나 서럽게 울었던 기억이 아직도 생생하다.

늘 경전에서는 "꽃피고 새들이 노래하는 화창한 룸비니 동산에서 우리 부처님이 태어나셨다."는 팔상성도를 읽었는데, 그때 인도의 룸비니 동산은 잡초가 무성하고, 마야부인께서 태자를 잉태하는 조각상의 아기 부처님과 마야부인의 석조각상의 얼굴이 다 싹싹 깎여 있었다. 이교도들의 짓이란다. 보름 동안 불유적지를 다니면서 곳곳마다 폐허가 된 모습을 보고 가슴이 매우 아팠다.

'부처님이 나신 나라, 불교가 천 년이나 꽃피웠던 나라에 불

교 믿는 사람이 없으면 이렇게 되는구나.'

우리나라도 부처님의 가르침인 팔만대장경이 세계인의 문화유산으로 모셔졌다고 해서 사람들이 그냥 불교를 믿는 것이 아니다. 그 위대한 가르침을 가르쳐야 하고 배워서 알아야 하며, 배운 것을 실천하여 너도 나도 지혜롭고 자비로워 행복해져야 한다. 그래서 지난 40여 년 동안 이곳 신흥사에서 혼신을 다하여 어린이 · 청소년 포교에 정성을 기울여왔다. 그렇게 하니 성인 포교도 자연히 더욱 활발해졌다.

신흥사 교화공원 조성 불사도 어린이 · 청소년 인성 교육을 더 잘 할 수 있는 방법을 모색하다가 시작했는데, 그 불사가 상상하지 못할 만큼 큰 불사가 되었다. 부처님의 가피와 신도님들의 정성으로 부처님의 가르침을 더 많이 자연스럽게 전할 수 있는 이 희유한 불사가 원만 성취되었다. 이제 언제든 누구라도, 더 많은 사람들이 부처님 교화공원에서 황톳길을 걸으며 들꽃 향기 속에서 자연히 들려오는 우리 부처님의 가르침을 듣고 환희 감동하고 부처님처럼 살아가기를 서원해 본다.

이 책은 부처님 교화공원에 모신 부처님의 교화 사례를 엮은 것으로 팔만대장경에서 가장 대표적인 교화 사례 15테마와 《부모은중경》의 〈다생부모십종대은〉에 대한 내용을 알기 쉽고 재미있는 이야기로 풀어서 담아 놓았다. 5비구에게 최초로 법을 전한 초전법륜을 비롯해서 야사, 라훌라, 앙굴리마라, 주리판타카, 승만, 수닷타 등 부처님의 교화 사례는 어린이, 청소년, 성인 할 것 없이 각양각색의 사람들이 부처님의 가르침을 받고 마음이 열리고 바르고 행복한 삶을 살아간 이야기이다.

경전 속에서 만난 2,600년 전 부처님 당시 사람들의 삶 역시 오늘날 현대인들이 겪고 있는 삶의 모습과 별반 다를 것이 없다. 이 이야기들을 통해 삶의 지혜를 얻고 밝고 희망찬 삶을 살아 갈 수 있는 힘을 얻을 수 있을 것이다.

이 작은 책자를 만드느라 애쓴 분들과 교화공원 조성 불사를 맡아 정성과 열의로 동참해 주신 모든 분들께 감사드리며, 그동안 지극한 신심으로 보시와 봉사로 이 불사를 원만히 이룬 우리 신흥사 스님, 신도님들께 감사드립니다. 이 책과 인연된 분들 모두 다 부처님의 가르침을 배우고 실천하여 궁극의 행복을 누리길 기원합니다.

불기 2556(2012). 10. 10

오성일 합장

차례

- **머리말** _5

1. 초전법륜 _10
- 녹야원에서 5비구에게 최초 설법

2. 청소년 야사 교화 _26
- 환락의 고뇌로부터 괴로워하는 야사 제도

3. 어린 라훌라 교화 _40
- 선구적인 어린이 교육

4. 가섭(카샤파) 3형제 제도 _46
- 1,000명 제자와 함께 부처님의 제자가 된 배화교주 가섭 3형제

5. 육방예경(교계 싱갈라경) _62
- 인간으로서 지향해야 할 올바른 삶

6. 사리불, 목건련 존자 _74
- 부처님 상수 제자 되어 불교 교단에 큰 힘이 되다

7. 바보 주리판타카 제도 _88
- 부처님은 위대한 스승 바보도 성자로

8. 빔비사라 왕의 귀의와 죽림정사 _98
- 세상에서 최초로 부처님께 절을 지어드리다

9. 기원정사(기수급고독원)와 수닷타 장자　_114
- 부처님을 만나 불교사에 빛나는 수닷타 장자와 기원정사

10. 살인마 앙굴리마라 제도　_148
- 나는 멈추었다. 앙굴리마라여, 너도 멈추어라

11. 부처님의 전도 부촉　_156

12. 승만 공주와 승만경　_160
- 세상에서 제일 효도한 자식

13. 말리카 왕비와 바사익 왕　_170
- 세상에서 제일 자식을 사랑한 부모

14. 제1차 경전 결집　_188
- 여시아문(이와 같이 나는 들었다)!

15. 팔상성도　_198
- 중생의 빛, 인류의 스승 석가모니 부처님의 위대한 생애

16. 대보부모은중경(부모은중경)　_208
- 부모님의 은혜 10가지(多生父母 十種大恩)

부록

• 신흥사 부처님 교화공원 조성불사 취지문　_220

• 신흥사 부처님 교화공원 안내문　_224

• 사리 신앙의 유래와 이운 연기　_226

1

초전법륜

初轉法輪

녹야원에서 5비구에게 최초 설법

왕궁의 부귀영화 모두 버리고 출가하여 6년 고행으로 붓다가야 보리수 아래에서 인류의 최고 진리를 깨달아 붓다(佛)가 되신 석가모니 부처님이 6년 동안 함께 고행한 5비구에게 녹야원(사슴동산)에서 최초로 법을 설하시어 5비구 모두 진리를 깨달아 아라한이 되게 하시었다.

이때 설하신 법이 중도, 사성제, 팔정도, 연기법 등이며 진리의 대 수레바퀴가 굴러 곳곳마다 밝은 빛이 퍼져 나가게 되었다. 이렇게 해서 부처님과 가르침과 스님이 완성되면서 불·법·승 삼보가 탄생되었다. 이곳에서 부처님은 5비구와 야사와 야사 친구 50명 제자에게 처음으로 전도 부촉을 하셨다.

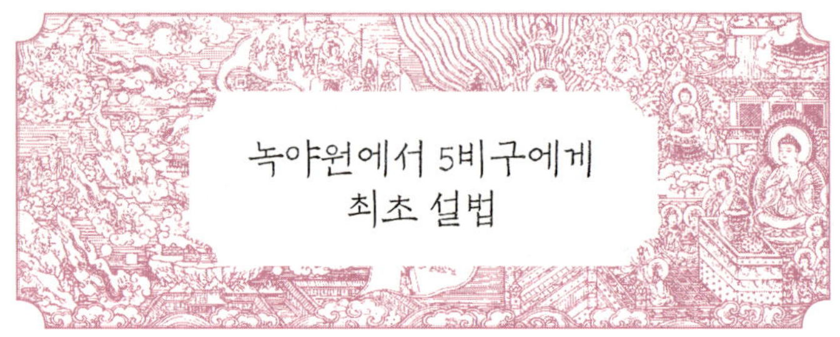

우루벨라 마을의 네란자라 강변에 있는 보리수 밑에서 정각(正覺)을 이루신 부처님은 그 후 7일 동안 결가부좌를 한 채 보리수 밑에 앉아 해탈의 기쁨을 만끽하며 삼매에 드셨다. 7일이 지나자 삼매로부터 일어나 근처에 있는 다른 나무 밑에 앉아 또 다시 7일을 삼매로 보내고, 이런 식으로 주변의 나무를 차례로 돌며 성도 후 7주 동안이나 해탈의 기쁨을 누리신다. 모든 생류가 짊어지고 가야만 할 생로병사의 괴로움으로부터 벗어나는 진리를 깨달은 지금, 더할 나위 없는 평온함에 휩싸인 채 삼매를 즐기고 계셨던 것이리라.

그런데 이 과정에서 부처님은 자신이 깨달은 것을 세상사람들에게 설해도 결국 이해받지 못한 채 피로하기만 한 것은 아닐까 생각하며 설법에 대한 의욕을 점차 상실해 간다. 스스로 깨달음의 경지를 체득했다는 것과 이를 다른 사람에게 전달한다는 것은 분명 또 다른 문제. 부처님은 자신이 발견한 법의 미묘함을 재인식하며 과연 이를 다른 사람에게 설할 것인가 아니면 그냥 침묵하고 말 것인가 망설였다. 자신이 가르침을 설해도 탐·진·치로 덮여 있는 사람들이 과연 그 심원하고 난해하며 미묘한 진리를 이해할 수 있을까 우려했기 때문이다.

법을 설하여 주옵소서

이때 부처님의 마음을 읽은 범천(梵天) 사함빠띠는 감로의 문을 열 것을 애원하며 이렇게 말했다고 한다.

"세존이시여! 바라옵건대 법을 설해 주십시오. 선서시여! 바라옵건대 법을 설해 주십시오. 세상에는 천성적으

로 그리 때 묻지 않은 사람들도 있습니다. 만약 그들조차
도 법을 듣지 못한다면 퇴보해 버리고 말 것입니다. 하지
만 법을 듣는다면 진리를 깨달을 것입니다."

이어서 다음과 같은 게송을 읊었다.

더러운 자가 생각한 부정한 가르침이 예전에 마가다 국
에 출현했습니다.
바라옵건대 감로의 문을 열어 주소서.
때 묻지 않은 깨달은 자의 법을 들려주소서.
산 정상의 봉우리에 서서 널리 사람들을 지켜보듯이
훌륭한 지혜로 널리 보는 눈을 지닌 그대여.
스스로 이미 모든 근심을 초월한 그대여.
바라옵건대 법으로 이루어진 고루에 올라
근심에 젖어 생과 노의 고통에 시달리는 사람들을 지켜
보소서.
일어나소서. 영웅이시여, 전승자여, 대상의 주인이여, 빚

범천의 간곡한 청을 들으신 부처님은 중생에 대한 연민을 가지고 다시 한 번 세간을 둘러보셨다. 세상에는 더러움이 많은 자도 있었지만 더러움이 적은 자도 있었다. 또한 영리한 자도 있지만 어리석은 자도 있었다. 그리고 내세의 죄과에 대한 공포를 알고 생활하는 자도 있었다. 이 모든 것을 관찰하신 부처님은 그 자리를 박차고 일어나며 이렇게 선언하셨다.

"이제 감로의 문은 열렸다.

귀 있는 자는 들으라. 낡은 믿음은 떨쳐 버려라.

범천이여! 나는 단지 피로할 뿐이라고 생각하며 미묘한 법을 사람들에게 설하지 않았다.

이제 나는 그대들을 위해 이 묘법을 설하리라."

생로병사의 고통 속에서 신음하는 많은 사람들을 위해 진리를 설하리라 결심한 것이었다. 이 범천의 권청은 깨달음을 얻은 후, 깨닫기 전의 자신과 똑같은 괴로움을 짊어지고 살아가는 세상사람들에게 눈을 돌리고, 먼저 진리를 본 자로서 그 길을 세상사람들과 더불어 할 것을 결심하게 되기까지 부처님의 마음속에서 일어난 미묘한 심리적 변화를 표현하고 있다.

설법 대상은 누구로 할 것인가?

이렇게 해서 설법을 결심한 부처님이 다음으로 고민한 것은 설법 대상이었다. 적어도 첫 설법 대상으로는 자신이 깨달은 그 미묘한 법을 들려주었을 때 이를 이해할 수 있을 정도의 근기를 지닌 사람을 선택하고 싶으셨다. 부처님이 가장 먼저 떠올린 것은 알라라칼라마와 웃다카라마풋타였다. 당시 선정 수행의 대가로 알려졌던 이들은 부처님이 깨달음을 얻기 전에 스승으로 삼았던 사람들이었다. 알라라칼라마는 존재하는 것은 아무것도 없다

고 하는 경지에 이르는 선정인 무소유처정(無所有處定)을, 웃
다카라마풋타는 지각이 있는 것도 없는 것도 아닌 선정인
비상비비상처정(非想非非想處定)을 실천했다. 싯다르타는 이
두 사람 밑에서 수행한 지 얼마 지나지 않아 모든 경지를
체험하게 되지만, 선정 상태에서 느꼈던 평온함은 선정으
로부터 깨는 동시에 사라졌고 번뇌는 다시 일어났다. 결
국 이 수행법이 불완전하다는 것을 안 싯다르타는 두 스
승과 작별을 고했던 것이다. 부처님은 적어도 이 두 사람
이라면 자신이 깨달은 미묘한 법을 이해할 수 있을 것이
라 생각하시고 그 두 사람을 떠올리셨지만, 아쉽게도 이
들은 이미 저 세상으로 가고 없었다.

다음으로 부처님이 생각해 낸 사람들이 바로 부처님
과 한때 더불어 고행 생활을 했던 5명의 동료수행자였다.
콘단냐(Kondanna), 밧디야(Bhaddiya), 왑파(Vappa), 마하나마
(Mahanama) 그리고 앗사지(Assaji). 싯다르타 태자가 죽음을
불사하고 맹렬히 고행하고 있다는 소문을 들은 부왕 숫도
다나 왕이 석가국의 바라문 계급의 자제들 가운데 선발하

여 태자의 비호를 위해 보낸 자들이었다. 이들은 혹독한 고행을 실천하는 싯다르타를 존경하며 함께 수행하고 있었는데, 어느 날 싯다르타가 고행을 버리고 네란자라 강에서 목욕하고, 수자타라는 여인이 건네준 우유죽을 먹는 것을 본 뒤 타락했다고 오해하며 곁을 떠난 자들이었다. 이 5명을 첫 설법 대상으로 생각하신 부처님은 이들이 지금 어디에 있는지 살피셨다. 인간의 영역을 넘어서는 천안(天眼)으로 관찰하신 부처님은 이들이 바라나시 근처의 이시빠따나에 있는 녹야원(鹿野苑: 미가다야)에서 함께 머물고 있음을 보셨다. 부처님은 그 곳을 향해 길을 떠나셨다.

녹야원, 산스크리트로 미가다야는 사슴 동산이라는 의미인데, 당시 선인타처(仙人墮處), 즉, 선인들이 모여 사는 곳이라 불릴 정도로 온갖 종교인들이 모여 생활하고 있었다. 저 멀리서 부처님이 자신들을 향해 걸어오고 있는 것을 발견한 그들은 "저기 수행자 고타마가 오고 있네. 그는 고행을 싫어하여 사치스런 생활로 되돌아간 타락한 자라네. 그가 와도 우리는 인사도 하지 말고, 일어나 맞이하지

도 말고, 발우와 가사를 받아주지도 말도록 하세."라고 약
속했다. 하지만 부처님이 점점 가까이 다가오자 그 위의
에 감화된 그들은 자신들이 한 약속을 잊어버리고 한 사
람은 일어나 발우와 가사를 받아들었고, 한 사람은 자리
를 준비했으며, 또 한 사람은 발 씻을 물과 발판, 그리고
수건을 가져 왔다. 부처님은 준비된 자리에 앉아 발을 씻
으셨다.

그런데 이들은 예전과 마찬가지로 부처님을 "벗이여!"
라고 불렀다. 그러자 부처님께서 말씀하셨다.

여래는 마땅히 공양 받아야 할 분이다

"수행승들이여, 여래를 이름이나 벗이라는 말로 불
러서는 안 된다. 여래는 마땅히 공양 받아야 할 분이며, 바
르고 원만하게 깨달은 분이다. 수행승들이여, 귀를 기울여
라. 나는 불사(不死)의 경지를 증득하였다. 이제 법을 설하겠
노라. 너희들이 배운 대로 행한다면 머지않아 양가의 자식
들이 출가할 때 품었던 목적인 범행의 궁극적인 완성을 이

세상에서 스스로 알고 증득하고 체현하게 될 것이다."

그러나 5명의 수행자는 "벗 고타마여, 고행을 닦고 실천하고 수행해도 인간의 영역을 넘어서는 성스러운 지견(智見)을 얻기 어려운데, 하물며 고행을 싫어하여 사치스런 생활로 돌아간 타락한 자네가 어떻게 인간의 영역을 넘어서는 성스러운 지견을 얻을 수 있단 말인가."라며 오히려 부처님을 힐난했다. 두 번 세 번에 걸쳐 힐난이 반복되자, 부처님께서 말씀하셨다.

"수행승들이여, 잘 생각해 보라. 내가 예전에 이와 같이 말한 적이 있었느냐?"

"없습니다."

부처님께서는 이어서 말씀하셨다.

"수행승들이여, 여래는 바르고 원만하게 깨달은 분이다. 수행승들이여, 귀를 기울여라. 나는 불사의 경지를 증득하였다. 이제 법을 설하겠노라. 너희들이 배운 대로 행한다면 머지않아 양가의 자식들이 출가할 때 품었던 목적인 범행의 궁극적인 완성을 이 세상에서 스스로 알고 증득하고 체현하게 될 것이다.”

이에 마음을 연 다섯 비구는 부처님의 말씀에 귀를 기울여 잘 들으려 했고, 참된 지혜를 얻고자 하는 마음을 일으켰다.

부처님께서 5비구에게 설하신 첫 설법의 내용에 관해서는 다양한 설이 있지만, 비교적 오래 되었다고 보이는 전승에 따르면, 쾌락과 고행의 양 극단을 떠나는 중도의 가르침을 설하고 있는데, 내용적으로는 팔정도의 가르침과 사성제의 가르침이 그 핵심을 이루고 있다. 부처님께서는 다섯 비구에게 말씀하셨다.

출가자는 두 가지 극단을 버리고 중도를 깨달아야 한다

“비구들이여, 두 가지 극단이 있으니 출가자들은 결코 가까이해서는 안 된다. 두 가지란 무엇인가? 하나는 여러 가지 애욕에 빠져 그것을 즐기는 것이니, 이는 열등

하고 세속적이고 범부의 짓이며 성스럽지 못하고 이익 되는 바가 없느니라. 다른 하나는 스스로를 괴롭히는 짓에 빠져 고통스러워하는 것이니, 이 역시 성스럽지 못하고 이익 되는 바가 없느니라. 비구들이여, 여래는 이 두 가지 극단을 버리고 중도를 원만히 잘 깨달았다. 중도는 눈을 뜨게 하고 앎을 일으킨다. 그리고 고요함과 수승한 앎과 바른 깨달음과 열반에 도움이 된다.

그렇다면 비구들이여, 여래가 원만히 잘 깨달았고 눈을 뜨게 하고 앎을 일으키고, 고요함과 수승한 앎과 바른 깨달음과 열반에 도움이 되는 중도란 무엇인가? 그것은 곧 여덟 가지 성스러운 길을 말하는 것이니, 정견(正見), 정사유(正思惟), 정어(正語), 정업(正業), 정명(正命), 정정진(正精進), 정념(正念), 정정(正定)이니라. 비구들이여, 이것이 여래가 원만히 잘 깨달았고 열반에 도움이 되는 중도이니라.

사성제, 팔정도

또한 비구들이여, 여기에 성스러운 고제(苦諦)가 있

다. 곧 태어남도 괴로움이요, 늙음도 괴로움이요, 병듦도 괴로움이요, 죽음도 괴로움이다. 좋아하지 않는 것과 만나는 것도 괴로움이요, 사랑하는 것과 헤어지는 것도 괴로움이요, 원하는 것을 얻지 못하는 것도 괴로움이다. 간단히 말하면 오취온(五取蘊)은 괴로움이다.

다시 비구들이여, 여기에 괴로움에 대한 성스러운 집제(集諦)가 있다. 곧 재생을 유도하고 희열과 탐욕을 동반하여 이곳저곳에 집착하는 갈애이다. 다시 말하면 애욕에 대한 갈애, 존재에 대한 갈애, 비존재에 대한 갈애가 그것이다. 비구들이여, 여기에 괴로움에 대한 성스러운 멸제(滅諦)가 있다. 곧 갈애를 남김없이 소멸하고 포기하고 버리고 벗어나 집착하지 않는 것이다. 비구들이여, 여기에 괴로움의 소멸로 이끄는 성스러운 도제(道諦)가 있다. 곧 여덟 가지 성스러운 길을 말하는 것이니, 정견(正見), 정사유(正思惟), 정어(正語), 정업(正業), 정명(正命), 정정진(正精進), 정념(正念), 정정(正定)이니라.

비구들이여, 나는 '이것이 성스러운 고제이다.'라는 예전에 결코 들어보지 못한 법에 눈을 떴고 지혜가 일어났고 앎이 일어났고 광명이 일어났다.”

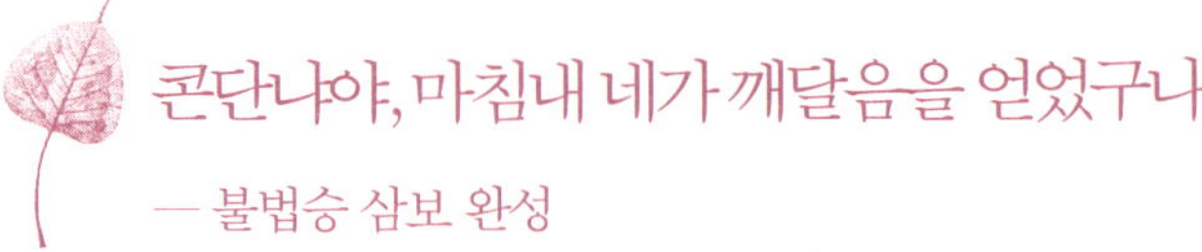

콘단냐야, 마침내 네가 깨달음을 얻었구나
— 불법승 삼보 완성

부처님의 설법을 듣고 5명의 수행자 가운데 가장 먼저 깨달음을 얻은 이는 콘단냐였다. 콘단냐가 깨달음을 얻었을 때, 부처님은 ‘콘단냐야, 마침내 네가 깨달음을 얻었구나’라고 하시며 크게 기뻐하셨다. 자신의 가르침을 듣고 자신과 똑같이 깨달음의 문을 연 사람이 존재하게 된 것이다. 부처님에게 그 모습을 드러냈던 진리가 콘단냐에게로 이어졌다. 이제 그 진리의 빛은 세상 곳곳을 비추며 퍼져갈 것이다. 콘단냐의 깨달음은 그 가능성을 보여주는 것이었다. 이어 밧디야와 밥빠 두 사람이 법을 얻고 법안(法眼)이 열려 출가하여 불제자가 되었으며, 마지막으로 마하나마와 앗사지 두 사람이 걸식으로부터 돌아와 깨달음을 얻었다고 한다. 이렇게 해서 부처님을 포함한 6

명의 아라한이 세상에 출현하게 되었고, 또한 승보(僧寶)가 완성되면서 불법승 삼보가 갖추어지게 되었다.

이것이 바로 바라나시의 녹야원(미가다야)에서 다섯 비구를 대상으로 이루어진 부처님의 첫 설법으로 일반적으로 초전법륜(初轉法輪)이라 한다. 고대 인도에서는 지상에서의 이상적인 왕을 전륜성왕이라 한다. 이 왕은 일곱 가지 보물을 소유하고 있는데 그 하나가 윤보(輪寶)이다. 윤보가 나아가는 곳에는 저항하는 자가 없다고 한다. 부처님의 설법도 반론할 여지가 없다는 점에서 이와 같으므로 부처님의 설법을 법륜에 비유한 것이다. 이와 같이 녹야원은 부처님이 처음으로 법을 선포하여 법륜이 구르기 시작했고 또한 다섯 수행자가 귀의한 곳이기 때문에 법과 승단의 탄생지가 되었다.

이렇게 해서 부처님을 포함한 6명의 훌륭한 아라한으로 승가는 첫 발을 내딛었고, 이후 진리는 온 세상을 비추며 고통 받는 사람들의 마음으로 퍼져나갔다.

2

청소년 야사 교화

환락의 고뇌로부터 괴로워하는 야사 제도

부처님은 5비구를 거느리고 녹야원에서 한동안 머무르셨다. 어느 날 새벽 일찍이 부처님은 맑은 강물에 얼굴을 씻고, 강변을 조용히 거닐고 계셨다. 그때 강 저쪽에서 '나는 괴롭다'고 미친 사람처럼 이리 뛰고 저리 뛰는 바라나시 제일 재벌의 아들 야사를 교화하여 환락과 고뇌로부터 벗어나 출가수행의 길을 가게 하고, 야사 친구 50명도 함께 출가하여 고통에서 벗어나 아라한이 되게 하시다. 이 56명의 처음 제자들에게 그 유명한 '전도 부촉'을 하셨다.

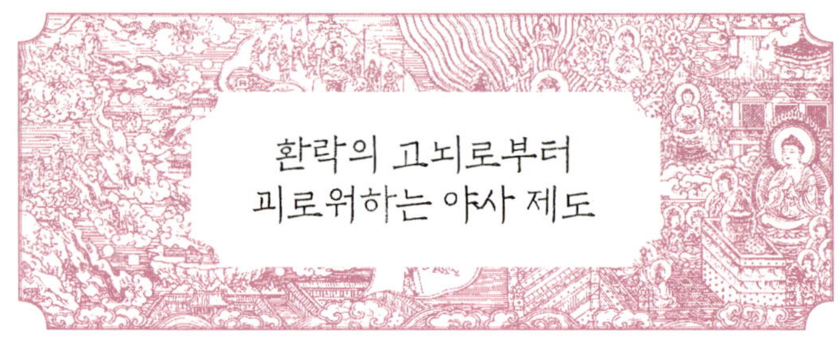

싯다르타 태자는 6년의 고행 끝에 붓다가야 보리수 아래에서 온 우주의 진리인 연기법(緣起法)을 깨닫고 부처님이 되셨다. 석가모니 부처님께서는 200킬로미터나 떨어진 바라나시의 녹야원까지 걸어오셔서 6년 동안 함께 수행하던 5비구에게 첫 법륜을 굴리시어 그들을 제도하셨다. 5비구에게 그 당시 인도의 외도들이 주로 수행했던 극단적인 고행과 관능에 따라서 살아가는 쾌락주의 양 극단을 초월한 중도(中道)를 설하시고, 여덟 가지 성스러운 길인 팔정도를 설하시고, 고집멸도(苦集滅道) 사제(四諦)를 차례

차례 설하시어 5비구를 아라한의 경지로 이끄셨다. 부처님께서는 얼마 동안 녹야원에 머무르면서 5비구에게 법을 설하셨다.

어느 날 새벽에 부처님께서는 맑은 강물에 세수하시고 고요히 강변을 산책하고 계셨다. 그때 저쪽 강기슭에서 이리저리 뛰어다니는 한 젊은이가 보였다. 그는 마치 미친 사람처럼 마구 고함을 치며 뛰어다녔다.

"아, 괴롭다. 괴로워!"

퇴폐적인 삶에 괴로움을 느끼다

그는 바라나시에 살고 있는 거부장자의 외아들 야사였다. 야사는 왕자와 버금갈 정도로 호화로운 생활을 하고 있었다. 그의 성격은 부드럽고 온화했다. 그에게는 궁전 같은 세 곳의 대저택이 있었다. 춥지 않은 따뜻한 겨울 저택과 찌는 듯한 더위를 피할 수 있는 여름 저택, 다른 하나는 1년에 4개월이나 비가 내리는 인도의 우기 중에도 습하지 않은 우기를 위한 저택이었다.

　　야사는 그때 우기 저택에서 넉 달 동안 남자 없이 하녀들의 시중을 받으면서 온갖 호의호식을 하며 살았다. 부호의 아들이었던 야사는 날마다 연회를 베풀었다. 지난밤에도 가수들과 무희들과 악사를 데리고 흥겨운 연회를 밤 늦게까지 즐겼다. 사람들은 술에 취해 피곤이 덮치자 아무 데나 쓰러져 잠이 들었다. 밤새 등불은 밝게 비치고 있었다. 이른 새벽 제일 먼저 잠에서 깨어난 야사는 어지럽게 쓰러져 자고 있는 시녀들의 추한 모습을 보았다. 여기 저기 쓰러져 곤히 자고 있는 시녀들의 모습은 마치 시체 더미와 같았다. 지난밤에 어여쁘게 치장했던 시녀들의 아름다운 모습은 그 어디에서도 찾아볼 수 없었다.

　　이 모습을 본 야사는 불현듯 세상을 싫어하는 마음이 생기고 두려운 생각이 들었다. 극도의 환락과 호화로움, 퇴폐적이고 쾌락적인 생활에 염증이 났다. 야사는 황금 신발을 신고 저택을 뛰쳐나와 "아아, 참으로 괴롭고 어지럽다."고 외치면서 거리를 헤매다가 녹야원까지 오게 된 것이다.

　　괴로움에 가슴을 쥐어짜는 듯한 목소리로 반복해서 외치고 다니는 야사의 소리를 듣고 부처님은 말없이 강 건너에 있는 그 젊은이를 바라보고 계셨다. 이윽고 젊은 이는 어떤 힘에 이끌리듯 강을 건너 부처님 곁으로 왔다. 그리고 부처님 앞에 두 무릎을 꿇고 앉아 애원하는 목소리로 말씀드렸다.

　　"아, 정말 괴로워서 못 살겠습니다. 이 괴로움에서 저를 구해 주십시오."

　　부처님께서는 간절하게 청하는 야사에게 말씀해 주셨다.

　　"여기에는 괴로운 것이 아무 것도 없다. 대체 무엇이 그렇게 괴로우냐?"

　　부처님의 말씀을 듣고 야사는 괴로움을 느낀 원인, 퇴폐적인 삶에 대해 부처님께 말씀드리면서 괴로움에서 구해달라고 거듭 간청하였다.

보시를 행하고
애욕에서 벗어나면 안락하리라

"야사야, 이리로 와 앉아라. 여기에는 아무 괴로움도 없고 어지러움도 없다. 내가 너를 위하여 법을 설하리라. 야사야, 이 세상에서 행하는 것 중에 가장 수승한 행이 보시이다. 보시란 대가를 바라지 않고 아낌없이 남에게 베풀어주는 아름다운 행이다. 남을 위하여 베푼다는 것은 자기 자신을 위해서도 얼마나 행복한 일인지 모른다. 그리고 계율을 준수하면 천상에 나게 된다. 여러 애욕에는 환난과 공허함과 번뇌가 따른다. 애욕에서 벗어나면 큰 공덕이 드러난다.

야사야, 계율을 잘 지키면 마음도 몸도 편안하고 행복하다. 그리고 모든 중생이 너도 나도 다 편안하고 행복하다. 그리고 다음 세상에는 천상에 태어나 안락하리라."

부처님께서 야사에게 인생의 괴로움의 원인과 괴로움에서 벗어나는 길을 가르쳐주시자 야사가 감동하여 부처님께 말씀드렸다.

"부처님, 저는 이제까지 한 번도 남을 위하여 베풀어 본 적이 없습니다. 이제까지 제 자신만 생각하고 살았습니다. 제가 얼마나 어리석었는지 이제야 깨달았습니다. 부처님 저는 이제까지 오욕락에 빠져 살았습니다. 그것은 순간적인 즐거움이 지나면 늘 허전하고 괴로웠습니다. 이제 부처님의 말씀을 듣고 제 마음은 정말 편안하고 기쁩니다."

부처님의 법문을 듣고 크게 기뻐하며 마음이 청정수처럼 맑아진 야사는 그 길로 머리를 깎고 출가하여 부처님의 제자가 되었다.

진리에 눈뜬 야사 장자, 최초의 재가신도가 되다

한편 야사의 집에서는 외동아들이 이른 아침부터 보이지 않자 온 집안이 발칵 뒤집혔다. 사방으로 사람들을 보내 야사를 찾게 하였다. 야사의 부친인 야사 장자도 야사를 찾기 위해 돌아다니다가 선인들이 모여 수행하고 있는 녹야원으로 왔다. 녹야원 강가에 아들의 황금신발이 버려져 있는 것을 보고 아들의 이름을 소리쳐 부르면서 마침내 부처님이 계신 곳으로 오고 있었다. 부처님께서는 멀리서 야사 장자가 오고 있는 것을 보시고, '그렇다. 신통변화를 써서 장자가 여기 앉아서도 이곳에서 함께 수행하고 있는 야사가 보이지 않게 해야겠다'고 생각하고 방편을 쓰셨다.

야사 장자는 부처님께 가까이 와서, 그는 아직 부처님인 줄 모르므로 "사문이시여, 혹시 제 아들 야사를 보셨습니까?"라고 여쭈었다. 부처님께서는 야사 장자에게 "거기 좀 앉으시오. 여기 앉아 있으면 틀림없이 아들을 볼 수 있을 것이오."라고 말씀하셨다. 야사 장자는 부처님의 말씀을 듣고 아들을 만날 수 있을 것이라는 생각에 기꺼이 부처님께 예배를 하고 한쪽에 앉았다.

부처님께서는 자리에 앉은 야사 장자에게 순서에 따라 법을 설하셨다. 보시, 지계, 천상에 태어나는 것에 대해 설하셨다. 또한 모든 욕망에는 허물과 재앙이 따르고 비열하고 깨끗하지 못한 것에 대해 설하시면서 이 미혹에서 벗어나는 것의 이익을 말씀하셨다. 그리고 부처님께서는 야사 장자가 건전한 마음과 부드러운 마음, 편견에 사로 잡히지 않고 마음이 환희롭고 깨끗함을 아시고 최상승법을 설하셨다. 하얗고 깨끗한 천이 완전하게 물들 듯이 장자의 마음속에는 이제 번뇌도 더러움도 없는 진리를 보는 눈이 생겼다. 그리고 모든 의혹도 사라지고 오직 법의 기쁨만이 마음에 충만한 장자가 환희에 찬 목소리로 부처님께 말씀드렸다.

"훌륭한 일입니다, 세존이시여. 훌륭한 일입니다, 세존이시여. 마치 넘어진 자를 일으켜 세우듯이, 혹은 가려진 것을 드러내듯이, 혹은 길을 잃은 사람에게 길을 가리키듯이, 혹은 눈이 있는 사람은 보리라고 말하며 어둠속에서 등불을 켜들 듯이 부처님께서는 저의 눈을 뜨게 하셨습니다. 저를 재가신자로서 받아주십시오. 저는 오늘부터 목숨이 다할 때까지 부처님께 귀의합니다."

부처님께 3배를 올리며 귀의하는 야사 장자를 부처님

께서 재가제자로 받아들이셨다. 이리하여 야사 장자는 세상에서 최초로 삼보에 귀의한 남자, 우바새의 시초가 되었다.

야사 장자도 번뇌에서 해탈한 아들 야사의 출가를 기뻐하다

부처님께서 아버지 야사 장자를 위하여 법을 설하실 때 야사는 본 대로 아는 대로 자기의 마음을 관찰하고 집착이 없어져 번뇌에서 해탈하였다.

이러한 모습을 보신 부처님께서는 마음속으로 '야사는 이제 세속의 생활로 돌아간다 하더라도 집에 있을 때처럼 욕망을 즐기지 않을 것이다. 그러니 이 신통변화를 걷어 야사가 장자의 눈에 보이게 해도 되겠다'고 생각하시고, 야사의 머리를 어루만지시니 야사의 모습이 드러났다.

야사 장자는 아들의 모습을 보고, "야사, 여기 있었구나. 야사야, 너의 어머니는 네가 사라져 슬픔에 빠져 있다.

어서 집으로 가서 네 어머니가 괴로움 때문에 돌아가시지 않도록 하자."라고 말하였다.

부처님께서는 야사 장자에게 "장자여, 이제 야사도 당신과 마찬가지로 모든 집착이 없어지고 마음이 번뇌에서 해탈하였소. 이제 야사는 세속에 돌아간다 하여도 전처럼 욕망을 즐기지는 않을 것이오."라고 말씀하셨다.

부처님의 말씀을 들은 야사 장자는 "세존이시여, 야사에게 집착이 없어지고 마음이 번뇌에서 해탈하였다는 것은 야사를 위해서 아주 좋은 일입니다. 야사에게 그보다 더 큰 은혜는 없습니다. 세존이시여, 오늘 야사의 출가를 함께 기뻐하며 부처님께 공양을 올리고자 합니다. 내일 저희 집에 오셔서 공양을 받아주십시오."

부처님께서는 침묵으로 그의 청을 받아들이셨다. 야사 장자는 부처님께서 수락하신 것을 알고 자리에서 일어나 부처님께 예배드리고 집으로 돌아갔다. 아버지 야사 장자가 떠난 뒤 야사가 부처님께 말씀드렸다.

"세존이시여, 저는 부처님 밑에서 출가하여 수계(受戒)

하고자 합니다.”

“오라, 비구여. 법은 완전하게 설해졌다. 바르게 괴로움을 멸하기 위해서 비구로서의 청정한 행을 하여라.”

야사의 친구 50인이 함께 출가하다

이리하여 바라나시의 대 부호의 아들 야사가 부처님의 제자가 되었고, 그의 어머니 역시 재가불자로 최초의 우바이(여자신도)가 되었다. 야사와 같은 상류 가정의 아들이 출가하여 부처님의 제자가 되었다는 소식은 순식간에 바라나시에 퍼졌다. 더욱이 야사처럼 학식 있고, 재능이 많은 그야말로 전도양양한 청년이 출가하였다는 것은 하나의 큰 사건이었고, 바라나시의 젊은 청년들에게 커다란 충격을 주었다. 그 뒤 야사를 찾아온 야사의 친구들은 야사의 뒤를 이어 부처님의 제자가 되었으니 그 수가 무려 50명이나 되었다.

 ## 전도 부촉, 모든 중생의 이익과 안락과 행복을 위하여 길을 떠나라

이때 부처님께서는 제자들에게 다음과 같이 전도선언을 하였다.

"비구들이여, 나는 신과 인간의 온갖 속박에서 벗어나 자유로워졌다. 그대들도 신과 인간의 온갖 속박에서 벗어나 자유로워졌다. 비구들이여, 이제 전도의 길을 떠나라. 사람과 신들의 이익과 안락과 행복을 위하여 길을 떠나라. 같은 길을 두 사람이 함께 가지 말라. 비구들이여, 처음도 좋고 중간도 좋고 끝도 좋은 법, 내용과 이론이 갖추어진 법을 설하라. 안전하고 청정한 수행 생활을 보여주어라. 세상에는 때가 덜 묻은 무리가 있다. 그들은 법을 듣지 않으면 퇴보하지만 법을 들으면 깨달을 것이다."

그리하여 56분의 아라한이 각기 갈 곳을 정해서 전도 활동에 나서게 되어 새롭게 형성된 불교 교단은 급속도로 성장해 갔다.

3 어린 라훌라 교화

선구적인 어린이 교육

공부도 하지 않고 남을 놀리거나 거짓말을 하여 남에게 해를 끼치고 나쁜 말과 욕설로 남을 괴롭히는 말썽꾸러기 어린 라훌라를 발 씻은 물과 발 씻은 대야로 비유하여 꾸중하지 않고 스스로 깨달아 고치게 하여 모든 행동에 모범이 되는 밀행제일 라훌라 존자로 성자가 되게 하시다.

어린 라훌라 교화

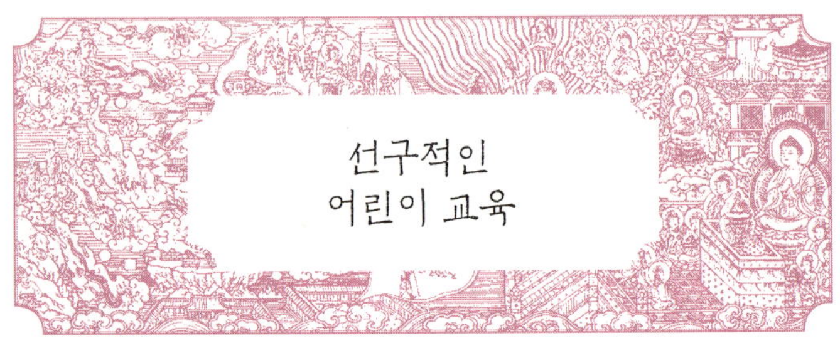

석가모니 부처님께서는 출가하시기 전에 라훌라(장애물이라는 뜻)라는 외동아들을 두었다. 부처님께서 고향인 카필라 궁으로 오셨을 때 야수다라 태자비가 라훌라에게 아버지인 부처님께 상속을 해달라고 하라고 부추겼다. 부처님께서는 라훌라에게 법을 전해 주시며 출가를 권유하셨다. 그리고 부처님 말씀을 따라 출가한 라훌라의 잘못된 행동을 고쳐 주시기도 하셨다. 어린 나이에 출가한 라훌라의 행동은 천방지축이었다. 라훌라는 왕손으로 태어나 어릴 적부터 온갖 귀여움을 독차지했다. 태어났을 때부터

만인의 귀여움과 사랑을 받으며 자란 라훌라가 출가하였다. 라훌라는 스님들 가운데 가장 나이가 어렸다. 라훌라는 왕손인데다 모든 사람들이 우러러 존경하는 부처님의 외아들이었으니 부처님을 믿고 자기가 하고 싶은 대로 게으름을 피우고 거짓말도 곧잘 하면서 온갖 개구쟁이 짓을 다 하였다. 그런 라훌라 때문에 대중스님들의 고통이 이만저만이 아니었다. 그래서 부처님이 라훌라에게 대중이 많은 현제라는 집에 가서 공부하라고 했다. 그래도 나쁜 버릇을 고치지 못하자 부처님께서 라훌라를 찾아왔다.

당시에는 존경하는 스승에게 발을 씻겨드리는 풍속이 있었다. 부처님이 오시자 라훌라도 물을 떠다가 부처님의 발을 씻겨드렸다. 부처님께서 발 씻은 물을 가리키며 라훌라에게 물으셨다.

"라훌라야, 발 씻은 이 물을 보거라. 이 물을 마실 수 있겠느냐?"고개를 흔들면서 "발을 씻은 더러운 물을 어떻게 마실 수 있겠습니까? 갖다 버려야지요."라고 라훌라가 대답하였다. 부처님께서는 또 말씀하셨다.

"그렇다. 더러운 물은 다시 쓸 수가 없다. 너도 그와 같다. 너는 비록 내 제자요, 카필라 성의 왕손으로 세속의 영화를 버린 사문이지만 삼독(三毒, 탐내고 성내고 어리석은 마음)의 번뇌로 마음이 가득 차 있으니 이 더러운 물과 같다."고 하시면서 잠시 자애로우면서도 근엄한 표정으로 물을 갖다버리고 대야를 다시 가져오라고 냉정하게 말씀하셨다. 라훌라가 발 씻은 물을 버리고 빈 대야를 가지고 돌아오자 부처님께서 다시 라훌라에게 물으셨다.

"라훌라야, 이제 이 대야가 비었으니, 이 대야에 음식을 담을 수 있겠느냐?"

"부처님, 대야에 음식을 담을 수 없습니다. 발을 씻어서 더러워졌기 때문입니다."

"그렇다, 너는 비록 집을 나와 사문이 되었지만 네 생각은 거칠며, 진실한 말이 없고, 정진을 게을리 하였다. 그렇기 때문에 너는 이 발 씻은 대야에 음식을 담을 수 없는 것과 같다."

그리고 부처님께서는 대야를 발로 힘껏 소리 나게 찼

다. 놀란 표정으로 부처님을 바라보고 있던 라훌라에게 부처님께서 물으셨다. "라훌라야, 혹시 저 대야가 깨질까 걱정하지 않았느냐?"

이에 라훌라는 "대야는 발을 씻는 물건인데다 값이 싼 거라서 걱정하지 않았습니다."라고 대답하였다.

이때 부처님께서는 단호하게 말씀하셨다.

"라훌라야, 네 말이 맞다. 지금 너는 이 대야와 같다. 몸으로는 함부로 행동하고, 입으로는 거친 말과 욕을 하니, 많은 사람들이 너를 아끼거나 좋아하지 않는다. 만약 그 버릇을 고치지 않고 계속하면 네가 커도 큰스님이 되지 못함은 물론이고 아귀나 축생에 태어나는 보를 받게 된다."고 말씀하셨다.

그 후로 라훌라는 용맹 정진하여 아라한과(阿羅漢果: 최고의 깨달음의 과위)를 증득하고, 부처님의 10대제자 중 밀행제일(密行第一: 남모르게 수행을 많이 하여 일상의 행 자체가 진리에 계합됨)로 칭송받았다.

4

가섭(카사파) 3형제 제도

1,000명 제자와 함께 부처님의 제자가 된 배화교주 가섭 3형제

부처님은 녹야원에서 5비구와 야사 친구 50명을 출가 제도하여 모두 아라한이 되게 하시고 그들에게 최초로 그 유명한 '전도 부촉'을 하시고는 부처님께서는 우루벨라(장군촌)로 가셨다. 그 당시 우루벨라 마을에는 1,000명의 제자를 거느리고 불의 신 아그니를 섬기고 있는 배화교 교주 가섭 3형제가 있었으니 맏형 우루벨라 가섭이 500명, 둘째 나디 가섭이 300명, 셋째 가야 가섭이 200명 제자를 거느리고 많은 사람들로부터 신망과 존경을 받고 있었다. 부처님께서 불과 독으로 생명체를 해치는 어리석은 이 삼형제를 교화 제도하시어 삼형제 모두 부처님의 제자가 되고 그들의 제자 1,000명도 함께 부처님께 귀의하였다. 그들 모두는 크게 깨달아 아라한이 되었다.

가섭(카사파) 3형제 제도

녹야원에서 5비구를 대상으로 초전법륜을 하시고, 바
라나시에서 야사와 그의 친구 50명을 교화하신 부처님은
제자들에게 전도 선언을 하신 후 자신도 그 길로 마가다
국의 우루벨라 마을을 향해 발걸음을 옮기셨다. 이곳은
고타마 싯다르타, 즉 부처님이 깨달음을 얻기 전에 6년 고
행을 했던 곳이자 또한 깨달음을 얻은 곳이기도 하다. 우
루벨라에 도착한 부처님이 직행한 곳은 바로 우루벨라 카
샤파라는 종교가의 처소였다.

당시 우루벨라 마을에는 카샤파 3형제라 불리는 자들

이 민중들로부터 큰 존경을 받으며 영광을 누리고 있었다. 카샤파 3형제란 '카샤파(Kassapa)'라는 성을 가진 고령의 3형제였는데, 즉 장남 우루벨라 카샤파(Uruvela Kassapa), 차남 나디 카샤파(Nadī Kassapa), 막내 가야 카샤파(Gayā Kassapa)를 말한다.

이 3형제는 모두 바라문 출신의 종교가로 우루벨라는 500명, 나디는 300명, 가야는 200명으로 도합 1,000명의 제자를 거느린 대규모 종교 집단이었다. 바라문의 전통에 따라 베다(Veda)를 읽으며 불을 절대적으로 신성시하고 존중하여 불의 신인 아그니에게 제사 지내는 이른바 배화교도(拜火敎徒)였다. 출가해서 머리를 땋고 산야에 머무르며 고행을 하는 이들은 불을 섬기며 제사의 중요성을 강조했다.

이들은 특별한 주력(呪力)의 소유자들로서 마가다 국과 그 동쪽에 위치한 앙가 국의 백성들로부터 큰 존경을 받고 있었다. 마가다 국의 빔비사라 왕도 이들에게 큰 신심을 가지고 있었다고 한다. 부처님이 우루벨라로 들어가

곧바로 카샤파 3형제 가운데 맏형인 우루벨라 카샤파의 처소를 찾은 것으로 보아, 아마도 부처님의 우루벨라 방문 목적은 이들의 교화에 있었던 것이 아닌가 생각된다.

독사의 화옥 성화당에서 묵으시다

우루벨라 카샤파의 처소를 찾아간 부처님은 그에게 이렇게 말을 건네셨다.

"카샤파여, 괜찮다면 오늘 하룻밤 그대의 성화당(聖火堂)에서 묵을 수 있겠습니까?"

성화당이란 불을 모셔놓은 방, 혹은 불씨를 보존해 두는 방을 말한다. 배화교도였던 우루벨라 카샤파에게 있어 신성한 불을 모셔둔 방은 특별한 의미를 지니는 것이었음에 분명하다.

그러자 우루벨라 카샤파는 "뭐 상관없지만, 그 화당에는 포악하기 그지없는 무시무시한 독룡(毒龍) 한 마리가 살고 있습니다. 당신을 해칠지도 모릅니다."라며 말렸다. 하지만 부처님은 걱정 말라며 거듭 부탁했다. 우루벨라 카샤파는 또 같은 이유로 거절했지만, 부처님이 세 번에 걸쳐 반복하여 청하자 마음대로 하라며 승낙하고 만다.

성화당에 들어가신 부처님, 독룡의 항복을 받다

이렇게 해서 성화당에 들어간 부처님은 적당한 곳에 풀을 간 후 그 위에 자리를 잡고 앉으셨다. 결가부좌한 채 상체를 꼿꼿하게 세우고 생각은 면전에 모았다. 이 모습을 지켜보고 있던 성화당의 독룡은 불쾌하고 화가 났다.

'겁도 없이 성화당에 들어온 것도 화가 나는데 게다가 침착하고도 굳건한 모습으로 선정에 들고 있는 이 자는 도대체 무엇이란 말인가?'

화가 치민 독룡은 불덩이를 뿜어댔다. 그 순간 부처님은 이렇게 생각하셨다.

'나는 이제 이 독룡의 피부나 살·근육·뼈·골수를 다 치지 않게 하면서, 나의 불로써 이 자의 불을 소멸시켜야겠다.'

부처님은 신통력으로 연기를 뿜어내셨다. 이를 본 독룡은 더욱 더 분노에 휩싸여 스스로를 불태우며 불을 뿜어냈다. 부처님도 화계삼매(火界三昧)에 들어 불을 뿜었다. 부처님과 독룡, 이 둘이 불꽃에 휩싸이자 성화당 안은 마치 불타고 있는 것처럼 눈부시게 빛났다. 밖에서 숨을 죽이고 이를 지켜보고 있던 우루벨라 카샤파와 그 제자들은 중얼거렸다.

"아, 그 잘생긴 사문도 결국 독룡에게 죽임을 당하고 마는구나."

하지만 다음날 아침 성화당으로부터 모습을 드러낸 것은 바로 부처님이었다. 마력을 잃어버린 듯 힘없고 초라해 보이는 작은 뱀 한 마리가 담겨져 있는 발우를 우루벨라 카샤파에게 내밀며 부처님께서 말씀하셨다.

"카샤파여, 이것이 그대의 독룡이다. 이 독룡의 불꽃은 나의 불꽃에 의해 소멸되었다."

부처님께서는 독룡의 피부와 살, 근육, 뼈, 골수 그 어느 하나도 다치지 않게 하면서 자신의 불로 독룡의 불을 소멸시켜 그를 제압해 버린 것이었다. 부처님의 신통력에 깜짝 놀란 우루벨라 카샤파는 이렇게 생각했다.

'이 위대한 사문의 위력은 참으로 대단하구나. 이 엄청난 독룡이 맹렬한 독으로 불을 내뿜는데 그 불을 자신의 불로 소멸시켰다. 하지만 아무리 그렇다 해도 그는 나와 같은 아라한은 못 될 것이다.'

부처님의 위력에 깜짝 놀란 그였지만 자신의 주력에는 미치지 못할 것이라고 깔보며 처음에는 패배를 인정하지 않았다. 하지만 부처님의 신통력에 관심을 갖게 된 것일까? 그는 부처님께 이곳에 머물 것을 제안한다. 부처님께서는 그의 제안을 받아들여 우루벨라 카샤파의 수행처 근처에 있는 숲에서 지내시며 이후로도 갖가지 신통변화상을 보여주셨다.

수많은 신통력으로 카샤파를 제도하시다

어느 날 밤의 일이다. 사대천왕이 뛰어난 용모를 한 채 숲 전체를 밝히며 부처님께 다가왔다. 그들은 부처님께 예를 갖춘 후 사방에 서 있었는데 그 모습이 마치 거대한 불기둥과 같았다. 이 모습을 기이하게 보고 있던 우루벨라 카샤파는 다음 날 아침 부처님께 여쭈었다.

"위대한 사문이시여, 식사 준비가 되었습니다. 그런데 어젯밤에 뛰어난 용모를 한 채 숲 전체를 밝히며 당신에게로 와서 공손히 예를 갖추고 사방에 서 있던 그 불기둥과 같은 자들은 누구였습니까?"

부처님께서 대답하셨다.

"카샤파여, 그들은 사대천왕으로 법을 듣기 위해 나를 찾은 것이다."

부처님의 말씀을 들은 우루벨라는 '이 위대한 사문의 위력은 참으로 대단하구나. 사대천왕조차 법을 듣기 위해 그를 찾지 않는가. 하지만 그는 나와 같은 아라한은 못 될 것이다'라고 생각하며, 부처님의 위력에 다시 한 번 놀랐지만 역시 자신의 패배를 인정하지는 않았다.

그러던 또 어느 날이었다. 우루벨라 카샤파는 부처님이 머물고 계시는 곳에 가서 아침 식사를 같이 하자고 하였다. 그러자 부처님께서는 "카샤파여, 나는 할 일이 있으니 먼저 식당에 들어가 계시오. 잠시 후에 뒤따라가겠소."라고 하시며 그를 먼저 보내셨다.

하지만 우루벨라 카샤파가 식당에 들어갔을 때 이미 부처님은 잠부나무의 열매를 따가지고 와서 앉아계셨다. 그는 부처님의 신통력에 감탄했지만 여전히 속으로는 자신이 더 우수한 능력을 지녔다고 생각했다.

이를 눈치 챈 부처님은 또 다른 신통력을 보이셨다. 우루벨라 카샤파의 제자가 불을 붙이기 위해 장작을 준비하고 있었는데 어찌 된 일인지 도무지 장작이 쪼개지지 않았다. 그러자 부처님은 우루벨라 카샤파에게 "카샤파여, 제자들을 위해 장작을 쪼개주어도 되겠는가?"라고 물으셨다. 그가 마음대로 하시라고 대답하자마자 500개의 장작이 순식간에 쪼개졌다.

이어 500명의 제자들이 불을 지피려 했지만 아무리 노력해도 불을 지필 수가 없었다. 부처님은 이들이 보고 있는 앞에서 장작에 불을 붙였다. 불을 끌 때도 결국 부처님의 도움을 받을 수밖에 없었다.

그밖에도 부처님은 3,500여 가지나 되는 신통력을 보이시며 우루벨라 카샤파의 마음을 움직여갔고, 결국 그는 자신이 아무리 애써도 부처님을 이길 수 없다는 사실을 깨닫게 되었다. 쉽게 굴복하지 않는 그를 바라보며 어느 날 부처님이 생각하셨다.

'오랫동안 이 어리석은 자는 나를 위대한 사문으로 생각하고 또한 나의 위력을 진정으로 놀랍다고 여기면서도 내가 자신과 같은 아라한은 되지 못할 것이라고 여기고 있다. 이제 이 자 스스로 자신의 생각에 대해 두려움을 느끼게 해야겠다.'

이렇게 결심한 부처님께서는 그에게 말씀하셨다.

"카샤파여, 그대는 아라한도 아니고 아라한의 경지에 들지도 못했다. 아라한과 아라한의 경지에 들기 위한 도(道)를 그대는 갖추지 못했다."

순간 우루벨라 카샤파는 큰 두려움을 느끼며 부처님의 발에 머리를 대고 예를 갖추었다고 한다.

그는 부처님께 출가하여 구족계를 받고 싶다는 뜻을 전한다. 그러자 부처님께서 말씀하셨다.

"카샤파여, 그대는 500명의 제자를 이끌고 있는 스승이다. 그대는 그들이 자신들의 생각대로 행동할 수 있도록 해야 한다."

스승의 결정에 맹목적으로 따른 귀의가 아닌, 그들 스스로 진정 원하여 승가의 일원이 되도록 해야 한다는 신중하고도 따뜻한 부처님의 배려였다. 즉시 우루벨라 카샤파는 제자들을 소집했다.

"나는 저 위대한 사문 곁에서 청정한 수행을 하고자 한다. 너희들은 각자 원하는 대로 해라."

그러자 제자들이 말했다.

"카샤파여, 저희들은 이미 오래 전부터 저 위대한 사문에게 믿음을 일으키고 있었습니다. 만약 카샤파께서 저 위대한 사문에게 가서 청정한 수행을 하신다면 저희들 역시 모두 그렇게 할 것입니다."

이렇게 해서 우루벨라 카샤파와 그의 제자들은 제사

도구 등을 모두 네란자라 강물 속으로 던져버린 후 머리카락을 자르고 부처님을 찾아가 말씀드렸다.

"부처님이시여, 저희들은 부처님 곁으로 출가하여 구족계를 받고자 합니다."

그러자 부처님께서 말씀하셨다.

"잘 왔구나, 비구들이여. 교법은 이미 잘 설해졌다. 올바르게 괴로움을 소멸시키고자 한다면 청정한 수행을 해라."

이렇게 해서 그들은 모두 구족계를 받고 불제자가 되었다.

카샤파 3형제와 그 제자 1,000명 귀의

한편, 네란자라 강의 하류 쪽에 머물고 있던 나디 카샤파, 그리고 이보다 더 하류에 머물고 있던 가야 카샤파는 형의 제사도구와 머리카락, 그 밖의 짐들이 강물에 흘러내려오는 것을 보고는 형에게 무슨 일이 생긴 것은 아닐까 염려하며 우루벨라 마을을 찾았다. 그리고 자초지

종을 다 듣고 나서 자신들도 제자 500명을 데리고 부처
님의 제자가 되었다.

　이렇게 해서 1,000명의 제자를 얻은 부처님은 이들을
모두 이끌고 마가다 국의 수도 라자가하로 향하셨다. 그
리고 몰려든 대중 앞에서 우루벨라 카샤파에게 “부처님
은 나의 스승이시다. 나는 부처님의 제자이다. 부처님에게
는 일체지(一切智)가 있지만, 나에게는 없다.”라고 선언하도
록 하셨다. 수많은 사람들로부터 존경과 신심을 얻고 있
던 노(老)바라문의 선언에 사람들은 깜짝 놀랐다. 그를 제
자로 만든 젊은 사문에게로 사람들의 관심이 집중되었음
은 말할 것도 없다.

　보리수 밑에서 깨달음을 얻을 때 부처님은 육신통(六
神通)이라는 능력을 지니게 되었다고 하는데, 사실 부처님
이 신통력을 사용했다는 기록은 그리 많은 편은 아니다.
코살라 국의 위두다바 왕(유리왕)에 의해 석가족이 몰살당
할 위기에 처하자, 신통력에 뛰어난 능력을 지니고 있던
목갈라나(목건련 존자)는 철로 된 바구니로 석가국을 완전히

덮어버리자는 제안을 하지만, 부처님은 일언지하에 거절하셨다. 이것만 보아도 부처님이 신통력의 사용에 얼마나 신중하셨던가를 엿볼 수 있다. 하지만 카샤파 3형제의 귀의와 관련해서는 3,500여 가지의 신통력을 사용하셨다고 한다.

왜 그러셨을까?

그것은 이들을 설득하는 데 있어 신통력보다 더 유효한 수단은 없다고 생각하셨기 때문일 것이다. 카샤파 3형제는 평생 주력에 의존하며 그것이 전부라 생각해 왔을 종교가들이다. 이들 앞에서 제 아무리 논리적인 설법을 펼쳐놓은들 그 무슨 소용이 있겠는가. 그보다는 오히려 그들이 그토록 중요시하는 주력으로 맞섬으로써 자신들의 주력이 별 거 아니라는 사실을 깨닫게 해 주는 편이 훨씬 더 나을 것이라 판단하셨던 것이리라.

아무튼 이렇게 해서 불교 교단은 일시에 큰 성장을 하게 된다. 당시 모든 종교가들이 모여 활동하던 마가다 국에서, 그것도 최고의 존경과 인기를 구가하던 종교가와 그 제자들을 모두 흡수해 버림으로써 부처님은 단시간에 사람들의 이목을 집중시켰던 것이다.

부처님과 카사파 3형제의 만남 속에는 부처님의 이런 의도가 담겨 있었고 멋지게 성공을 거두었다. 자신이 깨달은 진리를 세상에 펼쳐가고자 하는 부처님의 적극적인 의지, 그 의지가 만들어낸 놀라운 결과이다.

5
육방예경
(六方禮經, 교계 싱갈라경)
인간으로서 지향해야 할 올바른 삶

싱갈라는 아버지 유언대로 동서남북상하 육방에 아침마다 목욕하고 그 뜻도 모르고 절하므로 부처님께서 동쪽은 부모, 남쪽은 스승, 서쪽은 자식과 아내, 북쪽은 친구와 동료, 아래는 하인과 고용인들, 위는 사문·바라문(성직자)에게 섬겨 절하는 것이다. 부모는 자식을 사랑해 바르게 키우고 자식은 부모님께 효도하며, 부부는 서로 존경하고 화목하며, 스승은 바르게 가르치고 제자는 그 가르침을 잘 따르며, 친척은 서로 돕고, 고용주는 고용인에게 항상 선의로 베풀며 고용인은 자기 직장을 위해 최선을 다하고 선남자는 성직자를 존경하고 따르며 성직자는 선남자를 바르고 안락한 삶으로 인도하는 도리를 자세히 설하시자 싱갈라는 크게 환희심 내다. 오늘날 우리가 지향하는 바른 삶과 행복한 길로 인도하는 가르침.

경 (교계 싱갈라경)

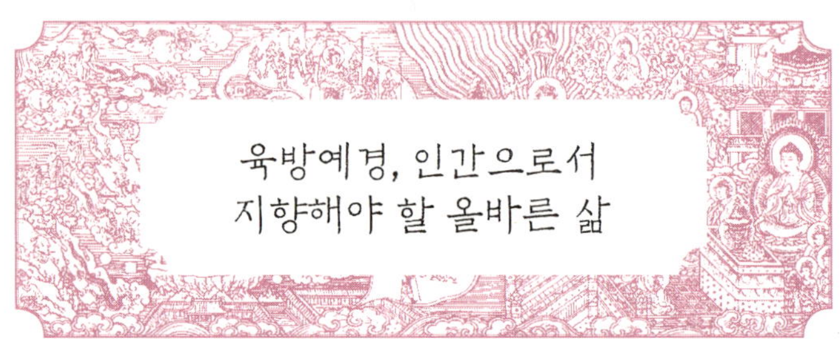

이와 같이 나는 들었다. 한때 부처님께서는 라자가하 대나무 숲의 다람쥐 보호구역에 머무셨다. 그 무렵 싱갈라라는 장자의 아들이 아침 일찍 일어나서 라자가하를 나가서 옷을 적시고 머리를 적시고 합장을 하고 동쪽 방향과 남쪽 방향과 서쪽 방향과 북쪽 방향과 아래 방향과 위 방향의 각 방향으로 절을 하였다.

그때 부처님께서는 오전에 옷매무새를 가다듬고 발우와 가사를 수하시고 걸식을 위해서 라자가하로 들어가셨다. 부처님께서는 라자가하로 들어가시다가 장자의 아들 싱갈라가 아침 일찍 일어나서 라자가하를 나와서 옷을 적시고 머리를 적시고 합장을 하고 동쪽 방향과 남쪽 방향과 서쪽 방향과 북쪽 방향과 아래 방향과 위 방향의 각 방향으로 절을 하는 것을 보셨다. 부처님께서 장자의 아들 싱갈라에게 이와 같이 말씀하셨다.

"장자의 아들이여, 왜 그대는 아침 일찍 일어나서 라자가하를 나와서 옷을 적시고 머리를 적시고 합장을 하고 동쪽 방향과 남쪽 방향과 서쪽 방향과 북쪽 방향과 아래 방향과 위 방향의 각 방향으로 절을 하는가?"

"세존이시여, 저의 아버지가 돌아가시면서 제게 말씀하시기를, '애야, 방위를 향해서 절을 해야 한다'고 하셨습니다. 세존이시여, 그래서 저는 아버지의 유언을 존경하고 존중하고 받들어 예배하고 공경하여서 아침 일찍 일어나서 라자가하를 나와서 옷을 적시고 머리를 적시고 합장을 하고 동쪽 방향과 남쪽 방향과 서쪽 방향과 북쪽 방향과 아래 방향과 위 방향의 각 방향으로 절을 합니다."

여섯 방향 대신 육방을 감싸야 한다

"장자의 아들이여, 그러나 아라한의 율에서는 이렇게 육방으로 절을 해서는 안 된다."

"세존이시여, 그러면 아라한의 율에서는 어떻게 육방으로 절을 해야 합니까? 부처님께서 아라한의 율에서는 어떻게 육방으로 절을 해야 하는지 법을 설해 주십시오."

"장자의 아들이여, 그렇다면 들어라. 마음에 잘 새겨라. 내가 설해 주겠노라."

"그렇게 하겠습니다, 세존이시여."라고 장자의 아들 싱갈라는 대답하였다.

"장자의 아들이여, 어떻게 해서 성스러운 제자는 육방을 감싸는 자가 되는가? 장자의 아들이여, 이들 여섯 방향을 알아야 한다. 동쪽 방향은 부모라고 알아야 한다. 남쪽 방향은 스승이라고 알아야 한다. 서쪽 방향은 자식과 아내라고 알아야 한다. 북쪽 방향은 친구와 동료라고 알아야 한다. 아래 방향은 하인과 고용인이라고 알아야 한다. 위 방향은 사문과 바라문이라고 알아야 한다."

• 동쪽 방향—부모

"장자의 아들이여, 아들은 다음의 다섯 가지 경우로 동쪽 방향인 부모를 섬겨야 한다. '1) 나는 그분들을 잘 봉양할 것이다. 2) 그분들에게 의무를 행할 것이다. 3) 가문의 대를 확고하게 할 것이다. 4) 유산을(부모의 가르침대로) 잘 실천할 것이다. 5) 부모가 돌아가시면 그분들을 위해서 보시를 잘할 것이다'라는 마음으로 섬겨야 한다.

그러면 부모는 다시 다음의 다섯 가지 경우로 아들을 사랑으로 돌보아야 한다. '1) 사악함으로부터 멀리하게 한다. 2) 선(善)에 들어가게 한다. 3) 기술을 배우게 한다. 4) 어울리는 아내와 맺어준다. 5) 적당한 때에 유산을 물려준다.'

장자의 아들이여, 이러한 다섯 가지의 경우로 아들은 동쪽 방향인 부모를 섬기고 부모는 다시 이러한 다섯 가지의 경우로 아들을 사랑으로 돌본다. 이렇게 해서 동쪽 방향은 감싸지게 되고, 안전하게 되고, 두려움이 없게 된다."

• 남쪽 방향-스승들

"장자의 아들이여, 제자는 다음의 다섯 가지 경우로 남쪽 방향인 스승들을 섬겨야 한다. 1) 일어나서 맞이하고, 2) 섬기고, 3) 배우려 하고, 4) 개인적으로 시봉하고, 5) 기술을 잘 배운다. 장자의 아들이여, 이와 같이 제자는 남쪽 방향인 스승들을 섬긴다.

그러면 스승들은 다음의 다섯 가지 경우로 제자를 사랑으로 돌본다. 1) 잘 훈육되도록 가르친다. 2) 잘 알도록 이해시킨다. 3) 기술을 모두 다 배우도록 잘 가르쳐 준다. 4) 친구와 동료에게 잘 소개해 준다. 5) 모든 곳에서 안전하게 보호해 준다.

장자의 아들이여, 이러한 다섯 가지의 경우로 제자는 남쪽 방향인 스승들을 섬기고, 스승들은 다시 이러한 다섯 가지의 경우로 제자를 사랑으로 돌본다. 이렇게 해서 남쪽 방향은 감싸지게 되고 안전하게 되고 두려움이 없게 된다."

• 서쪽 방향-아내

"장자의 아들이여, 남편은 다음의 다섯 가지 경우로 서쪽 방향인 아내를 섬겨야 한다. '1) 존중하고, 2) 얕보지 않고, 3) 외도하지 않고, 4) 살림살이의 권한을 넘겨주고, 5) 장신구를 사 준다.' 장자의 아들이여, 이와 같이 남편은 서쪽 방향인 아내를 섬긴다.

그러면 아내는 다시 다음의 다섯 가지 경우로 남편을 사랑으로 돌본다. '1) 맡은 일을 잘 처리하고, 2) 주위사람들을 잘 챙기고, 3) 외도를 하지 않고, 4) 가산을 잘 보호하고, 5) 모든 일에 숙달하고 게으르지 않는다.'

장자의 아들이여, 이러한 다섯 가지의 경우로 남편은 서쪽 방향인 아내를 섬기고 아내는 다시 이러한 다섯 가지의 경우로 남편을 사랑으로 돌본다. 이렇게 해서 서쪽 방향은 감싸지게 되고 안전하게 되고 두려움이 없게 된다."

• 북쪽 방향-친구와 동료

"장자의 아들이여, 선남자는 다음의 다섯 가지 경우로

북쪽 방향인 친구와 동료들을 섬겨야 한다. '1) 베풀고, 2) 친절하게 말하고, 3) 그들에게 이익이 되도록 행하고, 4) 자기 자신에게 하듯이 대하고, 5) 약속을 어기지 않는다.' 장자의 아들이여, 이와 같이 선남자는 북쪽 방향인 친구와 동료들을 섬긴다.

그러면 친구와 동료들은 다시 다음의 다섯 가지의 경우로 선남자를 사랑으로 돌본다. 1) 취해 있을 때 보호해 주고, 2) 취해 있을 때 소지품을 관리해 주고, 3) 두려울 때 의지처가 되어 주고, 4) 재난에 처했을 때 떠나지 않고, 5) 그의 자녀들을 존중한다.

장자의 아들이여, 이러한 다섯 가지의 경우로 선남자는 북쪽 방향인 친구와 동료들을 섬기고 친구와 동료들은 이러한 다섯 가지의 경우로 선남자를 사랑으로 돌본다. 이렇게 해서 북쪽 방향은 감싸지게 되고 안전하게 되고 두려움이 없게 된다.”

• 아래 방향-하인과 고용인

"장자의 아들이여, 주인은 다음의 다섯 가지 경우로 아래 방향인 하인과 고용인들을 섬겨야 한다. '1) 힘에 맞게 일거리를 나눠주고, 2) 음식과 임금을 지급하고, 3) 병이 들면 치료해 주고, 4) 특별히 맛있는 것을 같이 나누어 먹고, 5) 적당한 때에 쉬게 한다.' 장자의 아들이여, 이와 같이 주인은 아래 방향인 하인과 고용인들을 섬긴다.

그러면 하인과 고용인들은 다시 다음의 다섯 가지 경우로 '1) 주인을 사랑으로 돌본다. 2) 먼저 일어나고 나중에 자고, 3) 주어진 것에 만족하고, 4) 일을 아주 잘 처리하며, 5) 주인에 대한 명성을 기뻐하고 칭송을 달고 다닌다.'

장자의 아들이여, 이러한 다섯 가지의 경우로 주인은 아래 방향인 하인과 고용인들을 섬기고 하인과 고용인들은 다시 이러한 다섯 가지의 경우로 주인을 사랑으로 돌본다. 이렇게 해서 아래 방향은 감싸지게 되고 안전하게 되고 두려움이 없게 된다."

• 위 방향-사문과 바라문

"장자의 아들이여, 선남자는 다음의 다섯 가지 경우로 위 방향인 사문·바라문들을 섬겨야 한다. '1) 자애로운 몸의 업으로 대하고, 2) 자애로운 말의 업으로 대하고, 3) 자애로운 마음의 업으로 대하고, 4) 대문을 항상 열어두고, 5) 일용품을 공급해 준다.' 장자의 아들이여, 이와 같이 선남자는 위 방향인 사문·바라문들을 섬긴다.

그러면 사문·바라문들은 다시 다음의 다섯 가지 경우로 선남자를 사랑으로 돌본다. '1) 사악함으로부터 멀리하게 하고, 선(善)에 들어가게 하고, 2) 선한 마음으로 자애롭게 돌보며, 3) 배우지 못한 것을 가르쳐 주고, 4) 배운 것을 깨끗하게 해 주고, 5) 천상으로 가는 길을 드러내 준다.'

장자의 아들이여, 이러한 다섯 가지 경우로 선남자는 위 방향인 사문·바라문들을 섬기고 사문·바라문들은 다시 이러한 다섯 가지 경우로 선남자를 사랑으로 돌본다. 이렇게 해서 위 방향은 감싸지게 되고 안전하게 되고 두려움이 없게 된다."

싱갈라의 귀의

부처님께서 위와 같이 말씀하시자 장자의 아들 싱갈라는 부처님께 이렇게 말씀드렸다.

"경이롭습니다, 세존이시여. 경이롭습니다, 세존이시여. 마치 넘어진 자를 일으켜 세우시듯, 덮여 있는 것을 걷어내 보이시듯, (방향을) 잃어버린 자에게 길을 가리켜 주시듯, '눈 있는 자 형상을 보라'고 어둠 속에서 등불을 비춰 주시듯, 부처님께서는 여러 가지 방편으로 법을 설해 주셨습니다. 저는 이제 부처님께 귀의하옵고, 법화 비구 승가에 또한 귀의하옵니다. 부처님께서는 저를, 오늘부터 목숨이 있는 날까지 귀의한 청신사로 받아주소서."
—《교계 싱갈라경》

6 사리불, 목건련 존자

부처님 상수 제자 되어 불교 교단에 큰 힘이 되다

그 당시 유명한 산자야 학파의 제일 제자였던 사리불과 목건련 두 수행자가 부처님의 제자 앗사지 비구의 단정하고 여법한 모습을 보고 감동하여 "스승이 누구이며 무슨 법을 배우고 있느냐?"는 물음에 부처님을 뵙게 하니 사리불, 목건련은 오랫동안 찾던 스승을 만나 부처님 제자 되고 그 제자 200명도 함께 귀의하였다. 부처님 제자 되어 지극한 수행으로 지혜제일 사리불 존자, 신통제일 목건련 존자의 칭호를 받는 이 두 분은 부처님의 오른팔, 왼팔이 되어 불교 교단의 안정과 발전에 지대한 영향을 끼치셨다.

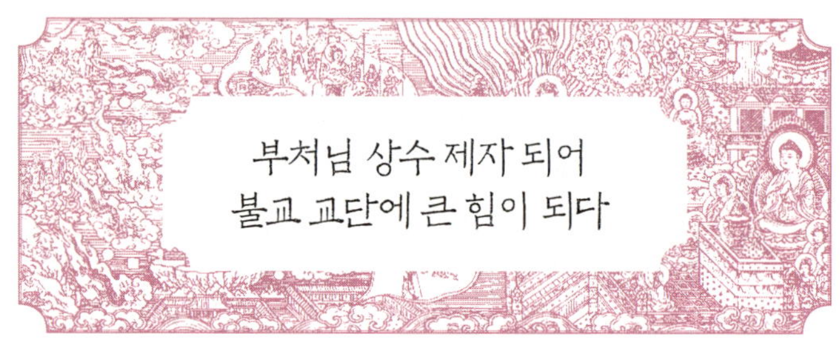

사리불(사리풋타)과 목건련(목갈라나)의 약속

어느 때 산자야(Sanjaya)라는 행각 사문(行脚沙門)이 200명의 수행자들과 함께 라자가하에 살고 있었다. 사리불(Sāriputta)과 목건련(Moggalana)은 산자야와 함께 청정한 수행을 하고 있었다. 그 둘은 이미 한 가지 약속을 하였다.

'먼저 불사(不死)의 경지에 도달하는 자는 다른 한 사람에게 반드시 알려 주어야 한다.'

• 단정한 몸가짐을 갖춘 앗사지 비구

앗사지(Assaji) 비구가 아침에 법의를 입고 발우를 들고서 라자가하로 걸식하러 갔다. 사리불이 라자가하에서 걸식하는 앗사지 비구를 보았다. 그는 나아가고 물러서고, 앞을 보고 뒤를 보고, 굽히고 펴는 것이 의젓하였고, 눈은 땅을 향하였다. 이와 같이 그는 훌륭한 몸가짐을 갖추고 있었다. 사리불은 생각했다.

'세상에 아라한이 있다면, 아라한의 도(道)를 갖춘 자가 있다면, 저 비구야말로 그들 중 한 분이다. 저 비구에게 가서 물어 봐야겠다. 그는 누구에게 출가하였으며, 누구를 스승으로 모시고 있으며, 누구의 법을 따르고 있는가를.'

사리불은 다시 생각했다.

'지금은 저 비구에게 질문하기에 적절한 때가 아니다. 그는 지금 걸식하고 있기 때문이다. 나는 우선 저 비구의 뒤를 따라가야겠다. 그는 필요한 자를 위한 길을 알고 있을 것이다.'

앗사지 비구는 라자가하에서 걸식을 마친 뒤 음식을

가지고 돌아갔다. 사리불은 앗사지 비구를 따라가서 이윽고 둘이 만나게 되었다. 사리불은 앗사지 비구에게 안부를 여쭙고 몇 마디를 나눈 뒤에 한쪽에 서서 물었다.

"벗이여, 당신의 감관은 매우 청정하며 피부 빛은 아주 휩니다. 벗이여, 당신은 누구에게 출가하였으며, 누구를 스승으로 모시고 있으며, 누구의 법을 따르고 있습니까?"

"벗이여, 석가(사캬)족의 아들로서 출가한 위대한 사문이 있습니다. 그분은 세존(부처님)입니다. 나는 부처님에게 출가하였으며, 부처님을 스승으로 모시고 있으며, 부처님의 법을 따르고 있습니다."

"그대의 스승께서는 무엇을 설하십니까?"

"벗이여, 저는 어리고 출가한 지 얼마 되지 않아 교법과 율법에 대해서는 배움이 짧습니다. 저는 부처님의 가르침을 자세히 가르쳐 줄 수는 없고 다만 간략한 의미만을 말할 수 있을 뿐입니다."

사리불은 게송으로 법을 청했다.

"많든 적든 말하십시오.

오직 그 의미만을 제게 말하십시오.

내게 필요한 것은 그 의미일 뿐

많은 문구가 무슨 소용이리오."

그리하여 앗사지 비구는 사리불에게 게송으로 법을
설하였다.

"모든 법은 원인으로부터 발생하니

여래는 그 원인을 설하셨네.

모든 법의 소멸도 또한

그와 같다고 위대한 사문은 설하셨네."

• 법안을 얻은 사리불

사리불은 이 법문을 듣고 먼지와 때를 멀리 여읜 법안
을 얻었다, 곧 '모여서 이루어진 것은 모두 소멸한다'고 깨
달았던 것이다. 그리고 게송을 읊었다.

"비록 이것뿐이라고 하여도 이것은 바른 법이다.
수만 겁(劫)을 헤매어도 보지 못하였던
슬픔 없는 이 법구를 그대들은 깨달았네."

사리불은 목건련이 있는 곳으로 갔다. 목건련은 사리불이 저 멀리서 오는 것을 보고 말했다.

"벗이여, 그대의 감관은 매우 청정하며, 피부 빛은 아주 흽니다. 벗이여, 그대는 불사의 경지에 도달한 것 아닙니까?"

"벗이여, 나는 불사의 경지에 도달했습니다."

"벗이여, 어떻게 불사의 경지에 도달했습니까?"

● 법안을 얻은 목련건

사리불의 이야기를 들은 목건련은 이 법을 듣고 먼지와 때를 멀리 여읜 법안을 얻었다. 곧 '모여서 이루어진 것은 모두 소멸한다'고 깨달았던 것이다. 그리고 게송을 읊었다.

"비록 이것뿐이라고 하여도 이것은 바른 법이다.

수만 겁을 헤매어도 보지 못하였던

슬픔 없는 이 법구를 그대들은 깨달았네."

따르는 무리들과 함께 부처님의 제자가 되다

그리하여 목건련은 사리불에게 말하였다.

"벗이여, 우리 부처님의 곁으로 갑시다. 부처님만이 우리의 스승입니다. 그런데 벗이여, 200명의 행각 사문들이 우리를 의지하며 여기에 머물고 있습니다. 그들에게 사정을 알려 그들의 뜻대로 하게 합시다."

이에 사리불과 목건련은 행각 사문들에게 가서 말하였다.

"벗들이여, 우리는 부처님의 곁으로 갑니다. 부처님만이 우리의 스승입니다."

"저희들은 그대들에게 의지하며 여기에 머물고 있습니다. 만약 그대들이 저 위대한 사문에게 가서 청정한 수행을 하신다면 저희들도 모두 그렇게 하겠습니다.”

• 산자야의 만류

그때 사리불과 목건련이 산자야에게 가서 말하였다.

“저희들은 부처님의 곁으로 갑니다. 부처님만이 저희들의 스승입니다.”

“안 된다. 가지 마라. 우리 셋이 함께 이 무리를 보살피도록 하자.”

그들은 다시 말하였다.

“저희들은 부처님의 곁으로 갑니다. 부처님만이 저희들의 스승입니다.”

“안 된다. 가지 마라. 우리 셋이 함께 이 무리를 보살피도록 하자.”

그들은 또다시 말하였다.

“저희들은 부처님의 곁으로 갑니다. 부처님만이 저희들의 스승입니다.”

“안 된다. 가지 마라. 우리 셋이 함께 이 무리를 보살피도록 하자.”

결국 사리불과 목건련은 200명의 행각 사문들을 이끌고 죽림을 향해 떠났다. 산자야는 그 자리에서 뜨거운 피를 토하고 죽었다.

부처님께서는 사리불과 목건련이 저 멀리서 오는 것을 보고 비구들을 불러 말씀하셨다.

“비구들이여, 저기에 오고 있는 두 명은 콜리타(Kolita)와 우파팃사(Upatissa)이다. 그들은 가장 뛰어나고 현명한 나의 한 쌍의 제자가 될 것이다.

깊은 지혜의 경지에 이르렀고
끝없는 집착을 소멸하여
이미 해탈하여 벨루 숲에 이르는
두 사람에게 스승은 수기(授記)하셨네.

여기로 오고 있는 두 벗
콜리타와 우파팃사

그들은 가장 뛰어나고 현명한

나의 한 쌍의 제자가 될 것이다."

• 구족계를 받는 사리불과 목건련

사리불과 목건련은 부처님께서 계신 곳에 이르러 부처님의 발에 자신들의 머리를 대는 예를 갖추고 말씀드렸다.

"세존이시여, 저희들은 부처님의 곁으로 출가하여 구족계를 받고자 합니다."

"오너라, 비구들이여. 내 이미 교법을 잘 설해 놓았다. 바르게 괴로움을 소멸시키고자 한다면 청정한 수행을 하라."

이렇게 그들은 구족계를 받았다.

사람들의 불만과 부처님의 예언

어느 때 마가다 국에 살고 있었던 여러 좋은 가문의 제자들이 부처님을 모시고 청정한 수행을 하고 있었다. 이러한 광경을 보고 사람들은 못마땅하게 여기면서 불평을 했다.

"사문 고타마는 아들을 빼앗아 간다. 사문 고타마는 우리들을 과부로 만든다. 사문 고타마는 가정을 파괴한다. 그는 이미 천 명의 결발외도들을 자신에게 출가시켰고, 산자야가 이끌던 200명의 행각 사문들도 출가시켰다."

그리고 사람들은 비구들을 볼 때마다 게송을 읊으며 비난했다.

"저 위대한 사문이

마가다 국의 기립바자에 왔네.

이미 산자야의 제자들을 모두 유혹했으니

이제 다시 어떤 자들을 유혹할까?"

사람들이 못마땅하게 여기면서 불평하는 것을 비구들이 듣고 그 사정을 말씀드리니, 부처님께서 말씀하셨다.

"비구들이여, 그 소리는 오래 가지 못할 것이다. 오직 7일간 떠돌 것이다. 7일이 지나면 사라질 것이다.

그러므로 비구들이여,

저 위대한 사문이

마가다 국의 기립바자에 왔네.

이미 산자야의 제자들을 유혹했으니

이제 다시 어떤 자들을 유혹할까?

그들이 이와 같이 게송을 읊으면 그대들도 다음과 같이 답하거라.

위대한 영웅이신 여래께서는

오직 정법(正法)으로 인도하시니

법으로 인도된 지자(智者)를

어찌 비난하는가?”

그때 사람들은 비구들을 보고 다시 게송으로 비난했다.

“저 위대한 사문이

마가다 국의 기립바자에 왔네.

이미 산자야의 제자들을 모두 유혹했으니

이제 다시 어떤 자들을 유혹할까?"

이에 비구들은 부처님의 말씀대로 게송으로 답했다.

"위대한 영웅이신 여래께서는

오직 정법으로 인도하시니

법으로 인도된 지자를

어찌 비난하는가?"

그러자 사람들은 "사문 석가의 제자들은 법으로 인도하지 법 아닌 것으로 인도하지는 않는다."라고 알게 되었다. 이와 함께 그 비난의 소리는 오직 7일간 떠돌다가 7일이 지나자 사라졌다.

7

바보 주리판타카 제도

부처님은 위대한 스승 바보도 성자로

빗자루를 가르쳐 주면 쓸고를 잊어버리고 쓸고를 외우면 빗자루를 잊어버리는 세기적 바보 주리판타카에게 기원 정사 마당을 쓸게 하여 바보 주리판타카는 스스로 탐·진·치 삼독을 쓸어버리고 진리를 깨달아 아라한이 된다.

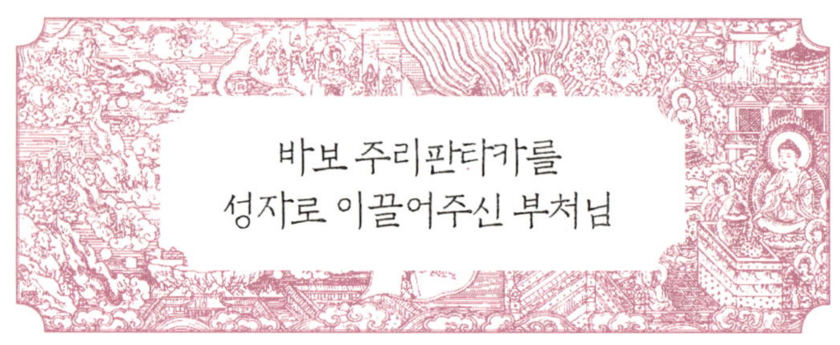

게송 한 줄도 못 외워 쫓겨난 주리판타카

부처님께서는 인도의 드넓은 지역을 반열반에 드시기 직전까지 45년 동안 걸어 다니시며 수많은 사람들을 교화하셨다. 위로는 국왕으로부터 아래로는 최하층 천민에 이르기까지 각계각층의 사람들에게 진리를 설하시면서 숱한 일화를 남기셨다.

부처님께서는 주리판타카(Cūlapanthaka)라는 바보를 성자로 이끌어주신 일도 있었다.

어느 날 부처님께서는 기원정사 앞에서 슬피 울고 있

는 주리판타카를 보셨다. 그는 남들이 바보라고 놀리는 사람이었지만 부처님께서는 그의 심성이 매우 착하고 부지런하다는 것을 아시고 그에게 다가가 물으셨다.

"주리판타카야, 왜 거기서 그렇게 슬피 울고 있느냐?

주리판타카가 부처님께 말씀드렸다.

"부처님, 저는 머리가 너무 나빠서 사형들이 가르쳐주는 게송을 하나도 외우지 못했습니다. 그래서 저보고 부처님의 제자가 될 가망이 없다고 집으로 돌아가라고 하였습니다. 저는 집으로 돌아가기 싫습니다. 부처님 저는 부처님 곁에서 살고 싶습니다."

그 당시 부처님의 제자들은 거의 다 뛰어난 지식과 지혜를 가지고 있었고, 그 인품도 훌륭해서 모든 사람들로부터 존경을 받았다. 그런데 부처님의 제자 중에 유독 이 주리판타카는 굉장한 바보였다. 그는 진리의 게송 한 구절도 외우지 못했고, 심지어 쓸고 닦고를 일러주면, 쓸고 하면 닦고를 잊어버리고, 닦고를 하면 쓸고를 잊어버릴 정도로 바보였다.

이런 주리판타카와는 달리 그와 함께 출가한 그의 친형 마하판타카는 머리가 총명한데다 열심히 노력하여 이미 성자의 경지에 도달해 있었다. 같은 형제이면서도 형과 동생이 이렇듯 딴판이었다. 동생 주리판타카를 두고 주위 사람들은 너무너무 바보라고 흉을 보고 비웃었다.

그의 형 마하판타카는 매우 난처하여 하루는 아우를 불러 "아무래도 넌 안 되겠다. 집으로 돌아가서 부모님 일이나 거들어 드리고 살아라. 너는 너무나 아둔하여 부처님의 제자가 될 수 없다."라고 말했던 것이다.

오직 형만을 믿으며 부처님의 제자가 되리라는 부푼 꿈을 안고 살아가던 주리판타카는 눈앞이 캄캄해졌다. 집에 가서 살기도 싫고 부처님의 가르침에 따라 도를 배우고 싶어서 절 문 밖에서 엉엉 울고 있었던 것이다.

'왜 빗자루로 마당을 쓸어야 할까?'

이러한 정황을 환히 꿰뚫어보신 부처님께서는 주리판타카에게 이렇게 말씀하셨다.

"주리판타카야, 걱정하지 말아라. 너는 출가하여 내 제자가 되었으니 내 곁에서 지내도록 하여라. 내가 깨달음을 이룬 것은 모든 사람을 구제하기 위해서이다. 네 형처럼 똑똑한 사람도 구제해 주고, 어리석은 사람, 바보 같은 사람도 구제해 주느니라. 자, 내 처소로 가자."

주리판타카를 당신 처소로 데리고 오신 부처님께서는 주리판타카에게 빗자루를 주시면서 말씀하셨다.

"주리판타카야, 너는 오늘부터 아무 것도 외우지 않아도 좋다. 그 대신 이 빗자루로 매일매일 마당을 쓸며 '왜 빗자루로 마당을 쓸어야 할까?' 하고 생각해 보아라. 그렇게 할 수 있겠느냐?"라고 말씀하셨다.

주리판타카는 "네, 부처님, 마당은 얼마든지 쓸 수 있습니다."라고 하면서 환히 웃었다.

그 후 주리판타카는 부처님께서 시키신 대로 매일매일 열심히 마당을 쓸면서 생각하였다. 그러나 '왜 빗자루로 마당을'까지 외우다 보면 '쓸어야 할까?'를 잊어버리고, '쓸어야 할까?'를 외우면 '왜 빗자루로 마당을'을 잊어버렸다. 그처럼 주리판타카는 머리가 나쁜 바보였다. 그래도 주리판타카는 부처님의 자비하신 가르침을 고맙게 생각하여 실망하지 않고 기쁜 마음으로 꾸준히 마당을 쓸면서 생각하고 생각하였다. 그러던 어느 날 문득 주리판타카는 빗자루로 마당을 쓰는 이유를 알았다. 그것은 마당의 먼지를 쓸어내는 것임을 알게 된 것이다.

'그래 먼지는 쓰레기이고, 쓰는 것은 깨끗해지는 것이구나.'

이와 같이 생각하면서 부처님께서 빗자루를 주시면서 마당을 쓸라고 하신 뜻을 꼭 알아내고야 말겠다고 결심하였다. 주리판타카는 여러 해가 지나도록 꾸준히 마당을 쓸면서 생각하였다.

골똘히 생각하던 주리판타카는 '아! 부처님께서 마당을 쓸라고 하신 것은 내 마음속의 먼지를 쓸어내라는 것이다. 그렇다면 내 마음속의 먼지는 뭘까? 어떻게 마음속의 먼지를 쓸어버릴 수 있을까?'

이와 같이 주리판타카의 생각은 점점 깊어갔다. 그날

도 여전히 마당을 쓸면서 깊은 생각을 하다가 마침내 부
처님 말씀의 깊은 뜻을 깨닫게 되었다.

진리를 깨달아 성자가 된 주리판타카

'야, 바로 이거다. 내 마음의 먼지란 바로 탐내고,
욕심내고, 성내고, 싫어하고, 좋아하고, 어리석은 마음이
내 마음속의 먼지구나. 그리고 빗자루는 지혜로구나. 그래
이제부터는 지혜의 빗자루로 마음속의 모든 번뇌 망상을
쓸어내야겠다.'고 생각하였다.

주리판타카는 너무 기뻐서 황급히 부처님께 달려가
말씀드렸다.

"부처님, 저는 부처님께서 제게 일러주신 '왜 빗자루로
마당을 쓸어야 할까?'의 뜻을 알았습니다."

주리판타카의 말을 들은 부처님께서도 매우 기뻐하시
면서 물으셨다.

"그래 판타카야, 너는 그 뜻을 어떻게 알았느냐?"

"부처님, 부처님께서 마당의 먼지를 쓸라고 하신 것은

제 마음속의 탐내고 성내고 어리석음의 먼지를 지혜의 비로 쓸라고 하신 것입니다. 저는 그동안 제 마음의 모든 번뇌 망상의 먼지를 쓸어냈습니다.”

“주리판타카야, 장하고 장하다. 너는 이제 모든 괴로움으로부터 벗어났구나. 진리를 깨달았구나.”

 ## 꾸준히 노력하고 실천하면 깨달음을 얻을 수 있다

부처님께서는 그 우둔한 주리판타카가 깨달음을 얻은 것에 대해 놀라워하는 비구들에게 이렇게 말씀하셨다.

“많은 경을 읽어도 그 참된 뜻을 알지 못하면 소용이 없는 일이다. 하나의 법구라도 그 뜻을 참으로 알고 그것을 실천하면 깨달음을 얻을 수 있다. 주리판타카를 보아라.”

이렇게 해서 주리판타카는 기원정사 안에서 많은 사람의 존경을 받게 되었다. 주리판타카는 부처님의 많은 제자 중에서 높은 깨달음의 경지에 이른 성자로 손꼽히게 되었다. 주리판타카 같은 바보도 꾸준하게 열심히 노력하

여 빛나는 지혜를 얻고 진리를 깨달아 성자가 되었다. 제
아무리 똑똑한 사람도 노력하지 않으면 소용이 없고, 아
무리 우둔한 사람일지라도 열심히 노력하면 도에 이를 수
가 있다는 것을 명심해야 할 것이다.

8

빔비사라 왕의
귀의와 죽림정사

세상에서 최초로 부처님께 절을 지어드리다

인도 16국 중에 제일 강대국 마가다의 빔비사라 왕은 부처님께 귀의하여 최초로 절(죽림정사)을 지어드리고 자주 공양을 올리며 설법을 들어 부처님의 가르침대로 나라를 다스리고 백성들을 평안하게 하며 강대국왕으로 이웃 나라들과 평화를 유지하였다.

이 날도 왕사성 네거리에 야단법석을 마련하고 왕이 손수 부처님께 공양을 올리고 만백성에게 부처님의 설법을 듣게 하는 모습이다. 이 광경을 지켜본 두 상인의 마음가짐에 따라 행과 불행이 이루어진다.

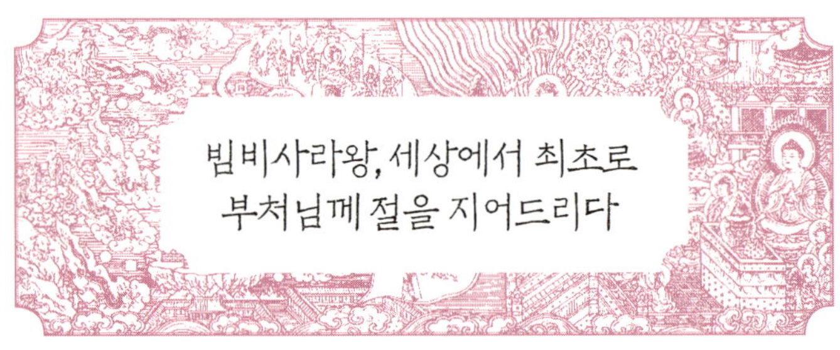

부처님과 빔비사라 왕의 운명적인 만남

어느 때 부처님께서는 가야시사 산에서 좋을 만큼 지내신 뒤, 예전에 결발외도였던 1,000명의 비구들과 함께 라자가하(왕사성)를 향해 떠나셨다. 부처님께서는 유행을 계속하시다 적절한 때에 라자가하에 이르셨다. 그리고 그곳의 야자나무 숲에 있는 숫파팃타 사원에서 지내셨다.

빔비사라 왕은 마가다 국에 살고 있는 12만 명의 바라문과 장자들을 거느리고 부처님을 찾아뵈었다. 왕은 부처님께 공손히 절하고 한쪽에 앉았다.

그리고 함께 온 12만 명의 바라문과 장자 가운데 어떤 사람은 부처님께 공손히 절하고 한쪽에 앉았으며, 어떤 사람은 부처님에게 안부를 묻고 몇 마디를 나눈 뒤에 한쪽에 앉았으며, 어떤 사람은 부처님에게 합장을 올린 뒤에 한쪽에 앉았으며, 어떤 사람은 부처님 가까이 가서 이름과 성을 말씀드린 뒤에 한쪽에 앉았으며, 어떤 사람은 침묵한 채 한쪽에 앉았다.

• 부처님께서 가르침을 베푸시다

부처님께서는 그들의 마음을 아시고 가르침을 베푸셨다.

"보시를 실천하고 계율을 준수하면 하늘에 나게 된다. 여러 애욕에는 환난과 공허함과 번뇌가 있다. 애욕에서 벗어나면 큰 공덕이 드러난다."

부처님께서는 그들이 마음의 준비가 되어 있고 법을 쉽게 이해할 수 있으며, 번뇌에서 벗어나 청정하며 가르침을 따르고자 한다는 것을 아셨다. 그리하여 본래 진실한 고집멸도의 가르침을 설하셨다.

그러자 때 없는 흰 천이 잘 염색되듯이, 빔비사라 왕을 비롯한 11만 명의 바라문과 장자들은 그 자리에서 먼지와 때를 멀리 여읜 법안을 얻었다. 곧 '모여서 이루어진 것은 모두 소멸한다'고 깨달았던 것이다.

그리고 1만 명은 부처님의 신자라고 선언하였다.

• 빔비사라 왕의 다섯 가지 소원

빔비사라 왕은 그 자리에서 법을 보았고, 법을 얻었고, 법을 알았고, 법을 꿰뚫었다. 의심에서 벗어났고, 망설임을 제거했고, 두려움이 없었고, 스승의 가르침 외에 다른 것은 필요 없게 되었다. 그가 부처님께 말씀드렸다.

"세존이시여, 저는 왕자 시절에 다섯 가지 소원이 있었습니다. 그런데 그것이 지금 모두 이루어졌습니다.

세존이시여, 저의 첫 번째 소원은 왕위에 오르는 것이었는데 그것은 이루어졌습니다.

두 번째 소원은 저의 영토에 평등하며 바르고 원만하

게 깨달으신 부처님께서 오셨으면 하는 것이었는데 그것이 지금 이루어졌습니다.

세 번째 소원은 부처님을 모셔 봤으면 하는 것이었는데, 그것이 지금 이루어졌습니다.

네 번째 소원은 그 부처님께서 저에게 법을 설해 주셨으면 하는 것이었는데 그것이 지금 이루어졌습니다.

다섯 번째 소원은 부처님의 법을 제가 명료하게 알았으면 하는 것이었는데, 그것이 지금 이루어졌습니다.

이와 같이 왕자 시절에 저에게는 다섯 가지 소원이 있었는데, 그것이 지금 모두 이루어진 것입니다.

• 빔비사라 왕의 찬탄

세존이시여, 뛰어나십니다. 뛰어나십니다, 세존이시여. 마치 뒤집어진 것을 바로 세우고, 덮인 것을 벗겨 내고, 미혹한 자에게 길을 가리켜 주고, 어둠 속에서 등불을 켜 눈 있는 자에게 형상을 보여 주는 것과 같습니다. 이와 같이 부처님께서는 여러 방편으로 법을 드러내셨습니다. 저는 이곳에서 부처님께 귀의하오며, 법과 비구 승단에 귀의합니다. 부처님께서는 저를 신자로 받아 주십시오. 오늘부터 생명이 다할 때까지 귀의하겠습니다.

세존이시여, 그리고 내일은 제가 공양을 올리고자 하오니 비구 승단과 함께 허락해 주십시오.”

부처님께서는 침묵으로 허락하셨다.

그리하여 빔비사라 왕은 자리에서 일어나 부처님께 공손히 절하고 오른쪽으로 도는 예를 올린 뒤 떠나갔다.

왕은 밤이 지나자 훌륭한 정식과 경식들을 준비해 놓고 부처님께 때를 알렸다.

“세존이시여, 때가 되었습니다. 공양(식사)이 마련되었습니다.”

부처님께서는 법의를 입고 발우를 드신 뒤, 예전에 결발외도였던 1,000명의 비구들과 함께 라자가하로 들어가셨다.

빔비사라 왕의 행복한 고민

부처님께서는 빔비사라 왕의 거처에 이르러 비구 승단과 함께 미리 준비된 자리에 앉으셨다. 왕은 부처님과 비구 승단을 위해 손수 시중을 들고 봉사했다. 부처님께서 공양을 마치고 그릇에서 손을 거두시니 왕이 한쪽에 앉았다.

왕은 생각했다.

'부처님께서는 어떤 곳에서 지내셔야 할까? 마을에서 너무 멀지도 않고 가깝지도 않고, 오고가기에 편하며, 이런저런 목적을 지닌 사람들이 찾아뵙기 좋고, 낮에는 지나치게 붐비지 않고 밤에는 소음이 없고 인적이 드물고, 혼자 지내기에 좋고 좌선하기에 적절한 곳, 바로 그런 곳에 머물러야 하실 텐데.

● 벨루 숲을 생각하다

그렇다. 우리에게는 벨루 숲이 있다. 마을에서 너무 멀지도 않고 가깝지도 않고, 오고 가기에 편리하고, 이런저런 목적을 지닌 사람들이 찾아뵙기 좋고, 낮에는 지나치게 붐비지 않고 밤에는 소음이 없고, 인적이 드물고, 혼자 지내기에 좋고 좌선하기에 적절한 곳이다. 나는 벨루 숲을 부처님께서 지도하고 계신 비구 승단에게 승원(僧園)으로 사용하도록 바쳐야겠다.'

• 부처님께서 벨루 숲을 받으시다

그리하여 왕은 황금으로 만든 병을 부처님께 올리면서 말씀드렸다.

"세존이시여, 벨루 숲을 부처님이 지도자이신 비구 승단에 승원으로 사용하시도록 바치고자 합니다."

부처님께서는 승원을 받으셨다. 그리고 다시 빔비사라 왕에게 법을 설하신 뒤 왕이 그것을 받들고 기뻐하는 것을 보시고 자리에서 일어나 떠나셨다.

부처님께서는 이 인연으로 법을 설하고 비구들에게 말씀하셨다.

"비구들이여, 나는 승원을 받기로 하였다."

 빔비사라 왕이 부처님께 공양 올리는
모습을 본 두 상인의 마음

인도 열여섯 나라 중의 제일 강대국인 마가다 국의 빔비사라 왕은 부처님께 귀의한 열여섯 나라 임금들 중에서 부처님을 향한 신심이 가장 깊었던 분이다.

그날도 빔비사라 왕은 라자가하에서도 가장 번화한 네거리에 야단법석을 차리고 부처님과 그 제자들인 수많은 스님들을 초청하여 공양을 올리고 만백성이 부처님의 설법을 듣고 깨우치도록 큰 잔치를 베풀었다. 왕은 부처님의 공양 시중을 다 들고 또 부처님께 가장 존경하고 공경하는 표시로 오체투지의 절을 하였다.

수많은 사람들 가운데 지나가던 두 상인이 이 광경을 보게 되었다. 빔비사라 왕의 부처님께 향한 정성스러운 모습을 함께 보고 있던 한 상인이 환희심이 나서 찬탄하기를, "저 빔비사라 임금님은 전생에도 많은 복을 지어서 이생에 왕이 되어 부귀영화를 누리며 부처님께 공양을 올리는데, 이생에 또 저렇게 거룩하신 부처님께 공양을 올

107

리고 예배드리니 얼마나 큰 복을 짓고 있는가? 그리고 부처님께서 밝은 법을 말씀하시면 제자들은 외워 널리 퍼뜨리겠지. 저 왕은 참으로 현명하다. 부처님을 높이 받들고 뜻을 굽힐 줄 아는구나. 나도 저 빔비사라 임금님처럼 되고 싶다.” 하고 찬탄하였다.

그러자 옆에서 듣고 있던 한 상인은 아주 불쾌한 표정과 어조로 투덜거리며 비난하기를, “저 빔비사라 임금은 왕의 체면도 지킬 줄도 모르나? 일국의 왕으로서 보잘것없는 사문들에게 공양하고 예배하니 왕의 체신이 도대체 서지 않는 행위로군. 쯧쯔! 임금은 어리석다. 자기가 국왕인데 무엇을 더 구하려 하는가?

저 부처는 마치 소와 같고 제자들은 수레와 같다. 저 소가 수레를 끌고 동서남북으로 다니는 것처럼 부처도 그와 같다. 자네는 저 부처에게 무슨 도가 있다고 그처럼 존경하는가?” 하고 힐난했다.

두 상인은 길을 떠났다. 이웃 나라로 장사를 떠나는 길이었는데 날이 저물어 라자가하 국경 가까이 머물게 되었다.

　길가 주막에 숙소를 정하고 밤에 잠을 자는데 투덜거리고 비난하던 그 상인은 잠자던 방이 덥다고 길가에 나와 자리를 깔고 자다가 그 곳을 지나던 수레에 치여 죽게 되었다. 부처님과 빔비사라 왕을 찬탄하던 상인은 친구의 장례를 잘 치뤄주고 하는 수 없이 혼자 이웃 나라로 떠났다.

　한편 이웃 작은 나라에는 왕이 돌아가고 태자가 없어서 친척 간에 서로 왕이 되고자 싸우다가 의논 끝에 “우리들 중에 서로 왕이 되려고 하니 누가 왕이 되어도 피를 흘리는 싸움이 생길 것이니 예언가의 말대로 우리 국경을 넘어 오는 제일 첫 사람에게 왕이 되어 달라고 하자.” 하고 왕이 될 사람을 기다리고 있었다.

　그 나라의 참서(讖書: 일종의 예언서)에 “어떤 나라에서 미천한 사람이 와서 이 나라의 왕이 되며, 그 사람을 찾는 방법은 죽은 왕이 타던 말이 왕 될 사람을 보면 반드시 무릎을 꿇는다.”라고 기록되어 있었던 것이다.

　그 나라 사람들은 나라의 대신들이 말을 잘 꾸미고 옥

새를 받들고 왕 될 사람을 찾아 나서자 구경꾼들이 길을 메웠다. 그들 가운데 있던 한 사람이 상인이 있는 방향을 바라보며 말했다.

"저기 노란 구름 일산이 있고, 그 아래 있는 저 사람이 반드시 왕이 될 사람이다."

그들이 그 상인 앞에 이르니 말이 무릎을 꿇고 그 상인의 발을 핥자, 신하들은 그를 궁중으로 모시고 가서, 미리 준비한 향탕에 목욕시키고 자기들의 왕이 되어 달라고 간청하였다. 이 상인은 너무나 뜻밖의 일이어서 극구 사양하였지만, 부처님과 빔비사라 왕을 찬탄하던 상인이 그들의 성에 처음 나타난 사람이었고, 이 나라 백성들의 간곡한 청에 못 이겨 왕이 되었다.

그는 왕위에 올라 나랏일을 처리하면서 곰곰이 생각했다.

'나는 착한 일을 조금도 하지 않았고, 왕업을 익힌 적도 없다. 무슨 인연으로 임금이 되었는가? 아무리 생각해 봐도 내가 별 공덕을 지은 것이 없는데…… 다만 그때 빔비사라 왕이 부처님께 공양 올리고 예배드리는 모습을 보고 기뻐하고, 나도 빔비사라 왕처럼 저렇게 거룩하신 부처님께 공양 올리고 예배드렸으면 하고 서원한 일뿐이었는데, 그 공덕으로 내가 오늘 이렇게 왕이 되었으니 나도 빔비사라 왕처럼 이 나라에 부처님을 초청하여 공양 올리고 예배드리며 이 나라 백성들에게 부처님의 가르침을 듣게 하고 깨우치게 하고 싶구나'라고 생각하였다.

이리하여 왕이 된 그 상인은 부처님을 모실 큰 준비를 하여 부처님과 스님들을 모셨다. 부처님께서는 정성 어린 공양을 달게 드시고 설법을 하시면서 아래의 게송을 읊으셨다.

"마음은 모든 일의 근본이 된다.
마음이 주(主)가 되어 모든 일을 시키나니
마음속에 악한 일 생각하면
그 말과 행동도 또한 그러하리라.
그 때문에 괴로움은 그를 따르리.

마음이 모든 일의 근본이 된다.

마음은 주(主)가 되어 모든 일을 시키나니

마음속에 착한 일 생각하면

그 말과 행동도 또한 그러하리라.

그 때문에 즐거움이 그를 따르리.

마치 형체를 따르는 그림자처럼."

게송을 읊으시고 부처님께서는 다시 말씀을 이으셨다.

"똑같이 길을 가던 두 상인이 빔비사라 왕의 모습을 똑같이 보았는데 한 사람은 비난하고 투덜거리더니 길가에서 불행하게 죽었고, 한 사람은 기뻐하고 찬탄하여 원을 세우더니 그 서원대로 오늘 왕이 되어 저 빔비사라 왕처럼 여래에게 공양을 올리는구나."

위와 같이 부처님의 말씀처럼 마음먹기에 따라 불행

해질 수도 있고 행복해질 수도 있다. 모쪼록 매일매일 좋은 날이라 생각하고 마음을 잘 쓰고 복을 지으면 항상 편안하고 행복해질 것이다.

9

기원정사(기수급고독원)와 수닷타 장자

부처님을 만나 불교사에 빛나는 수닷타 장자와 기원정사

사위국 제일 재벌 수닷타(급고독) 장자는 이웃 왕사성 친구 집에 갔다가 부처님과 그 제자 1,250명의 여법한 모습에 감동하여 부처님께 귀의하여 수만금을 들여 기타 태자와 기원정사를 지어드리고 수많은 공양을 올리며 부처님의 전법하심에 큰 힘이 되어드렸다. 이러한 수닷타 장자에게 방탕 생활하는 아들 깔라와 시부모와 남편을 우습게 알아 온 가족을 불편케 하는 못된 며느리 옥야가 있었는데 그들을 부처님께서 교화하시어 성실한 아들과 효부로 만들어 주시고 가업도 사업도 번창하게 하시다.

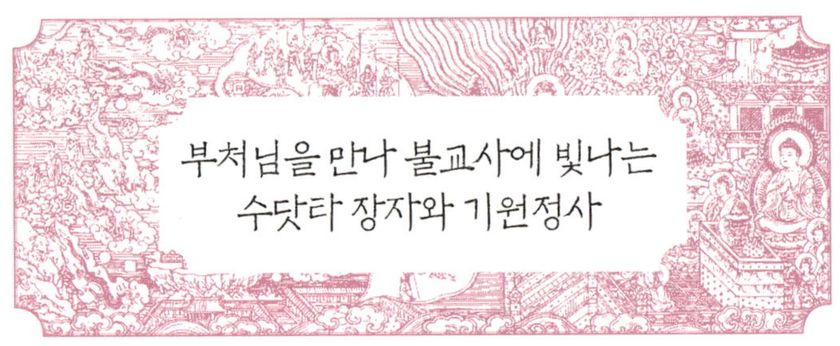

수닷타 장자의 귀의

사밧티(사위국)의 제일 부호(재벌) 수닷타 장자는 외롭고 고독한 사람들을 돕는 이라고 하여 급고독이라고 부른다. 이 장자가 라자가하(왕사성)에 사는 친구 백근 장자의 집에 갔을 때 그곳에서는 귀한 손님을 대접하기 위해 큰 잔치 준비를 하고 있었다. 예전 같으면 자신을 반가이 맞아 지극 정성으로 대접하던 사람이 다른 손님맞이에 여념이 없었다. 장자는 어떤 손님이 오기에 이렇듯 온갖 정성을 기울여 준비하는지 궁금하여 물어보았다.

"임금님이라도 오십니까? 아니면 누가 결혼이라도 합니까?"

친구는 부처님께서 오신다고 하면서 가까운 숲에 머물고 계시는 부처님에 대한 얘기를 들려주었다.

"부처님이라니요? 책 속에서나 이야기 속에서 들을 수 있는 부처님이 실제 태어나 계신다는 말이오?"

"그렇습니다. 카필라 국 정반왕의 아들로 태어나 29세에 출가하여 35세에 성도하셔서 지금 이 나라 임금님의 귀의를 받고 백성을 교화하고 계십니다. 그런데 그의 제자가 자그마치 1,250명이나 된답니다."

"어디 계십니까? 당장 가서 뵙고 싶습니다."

"오늘은 너무 늦었으니 내일 아침 일찍 찾아가세요."

부처님 이야기를 듣고 더할 수 없는 기쁨과 설렘으로 빨리 부처님을 뵙고 싶은 수닷타 장자는 이튿날까지 기다리지 못하고 그 밤에 부처님을 뵈러 숲으로 갔다. 그는 휘영청 밝은 달 아래 숲에서 자고 있는 많은 수행자(스님)들의 편안한 모습에 감동하였다. 그리고 저쪽 숲에서 홀로

명상하고 계시는 사문을 뵙고는 저 분이 바로 석가모니 부처님이시라는 것을 느꼈다.

흥분된 수닷타 장자는 숨을 가라앉히고 조용히 부처님 발 아래 엎드려 절했다.

"거룩하신 부처님, 사밧티에서 온 수닷타가 문안드립니다."

"잘 왔소. 당신은 전생에도 많은 복을 지어 좋은 일을 하더니, 금생에도 큰 부자가 되어 임금님을 잘 섬기면서, 고독한 사람들을 보살피고 있군요."

"감사합니다, 거룩하신 부처님. 쳐다만 보아도 행복합니다. 우리나라 백성들에게도 부처님을 뵈올 수 있는 기회를 주셨으면 합니다."

"가는 것은 어렵지 않으나 거처가 있어야지요. 나의 권속이 1천명이 넘기 때문에 큰 절이 있어야 합니다."

- 정사(절)를 지어드려야겠다고 발원하다
"절은 어느 곳에 어떻게 지으면 됩니까?"

"비산비야(非山非野)라. 높은 산도 아니고, 낮은 들판도 아니고, 숲이 있고, 물이 흘러내리는 곳이면 좋습니다. 도시에서 얼마 떨어져 있지 않은 곳이어서 밥을 얻어먹기 편리하면 더욱 좋습니다."

순간 수닷타 장자는 기타 태자가 가지고 있는 숲을 마음속에 그리면서 말씀드렸다.

"제가 반드시 절을 지어 바치겠습니다."

"그렇다면 내 제자 사리불과 의논하여 알아서 하십시오."

환희심에 벅찬 수닷타는 단걸음으로 내려오며 사밧티 일대를 다 생각해 보았다. 그러나 기타 태자의 숲처럼 좋은 곳이 없었다. 그러나 임금님의 아들이 가지고 있는 땅이라 팔지 안 팔지 그것이 문제였다. 어떻든 가서 사정해 보고 억금(億金)이 들더라도 반드시 큰 절을 하나 만들어야 드려야 되겠다는 생각을 가지고 돌아왔다.

날이 밝아 사시(巳時)가 되니, 1,250 대중이 줄을 지어 들어왔다. 복장을 단정히 하고 질서 있게 걸어오는 스님들은, 마치 하늘에서 내려온 신선과도 같았다.

"이 세상사람들이 아니구먼."

"세상사람은 분명한데 도를 닦아 그 마음과 행이 세상사람들과는 전혀 다르지?"

이렇게 주인 친구와 말을 주고받으며, 1,250 대중이 주욱 둘러앉아 공양하는 것을 보았다.

모두 가져온 발우(밥그릇)에 신도들이 나누어주는 음식을 받아 질서 있게 먹었다. 손을 먼저 물그릇에 담그어 씻고, 차근차근 밥을 먹는데 한 사람도 말하는 사람이 없고 쳐다보거나 돌아보지 않고, 오직 밥그릇을 껴안고 밥 티 하나 흘리지 않고 먹었다.

• 아, 저것이 문화국민이다

수닷타는 감탄하였다.

"아, 저것이다. 옷을 단정히 입고, 걸음걸이를 바로하고, 밥을 잘 먹는 사람, 저 사람들이 지성인이 아닌가. 나는 책에서, 이야기로 들어서 옛 신선들이 그렇게 살았다는 말은 들었지만, 살아 있는 사람들 가운데서 저렇게 점잖은 사람들은 처음 보았으니 어서 가서 절을 지어 우리 백성들에게도 저와 같은 모습을 보여주어야겠다." 하고 서둘러 고향으로 길을 떠났다. 수레를 타고, 말을 달리며 외쳤다.

"부처님이 오신다. 부처님이 오신다. 길을 닦고 꽃을 심고 향을 뿌려 부처님 맞을 준비를 하자."

처음 듣는 사람들은 미친 사람의 소리가 아닌가 하기도 하였지만, 8백리 길을 걸어오는 사이 수닷타는 잠시도 쉬지 않고 노래를 불렀다. 밤낮없이 이틀 만에 도착한 수닷타는 다짜고짜 기타 태자에게 가서 청했다.

"태자님, 태자님이 가지고 있는 숲을 저에게 파세요."

태자는 어리둥절하여 그를 쳐다보면서 말했다.

"무슨 말이오? 이 나라 임금의 아들을 보고 땅을 팔라 하니……."

"값은 얼마든지 주겠으니 그 땅을 저에게 파십시오."

태자는 웃으면서 장난말로 한마디 던졌다.

"내 땅을 사고 싶으면 5푼 두께로 금전·은전·동전을 꽉 채우면 그 채운 장소만은 당신에게 팔겠소."

이 말을 들은 수닷타는 그 길로 가서 세 수레의 금은전을 땅 위에 깔았다. 약 300평 정도가 깔렸다. 사람들이 소문을 듣고 돈 구경을 하고자 인산인해를 이루었다. 자기 땅에 금은전을 300평 이상 깔았다는 소문을 듣고 기타 태자가 가보았다. 그 모습을 보고 태자도 놀랐다. 돈도 돈이지만 구경나온 사람들이 너무 많아서 더욱 놀랐다. 그래서 수닷타 장자에게 물었다.

"아니, 도대체 무엇을 하시려고 이 땅을 사시려 하는 것이오?"

"부처님과 그 제자들을 모시려고 합니다. 부처님은 32상 80종호를 갖추고 10력·4무소외·3부동·대자대비 등 18불공법(不共法)을 갖추어 중생의 3세인과와 인연을 훤히 꿰뚫고 있는 도인입니다. 나는 분명히 내 눈으로 보았습니다. 그의 제자 1,250명도 이 세상사람들이 아니었습니다. 절만 지으면 반드시 이곳에 오신다고 하셨는데,

만일 그분들이 오시기만 한다면 우리나라는 분명 문명국이 될 것입니다." 하고 그동안 라자가하에서 보고 느낀 것을 상세히 설명하였다. 태자가 수닷타에게 말했다.

"그렇다면 당신 혼자만 복을 지어서야 되겠습니까? 나도 이 땅을 내 놓을 것이니 당신은 이 돈을 가지고 절을 지으시오."

그곳에 나와 있던 사람들이 이 두 분의 신심에 감동하여 기꺼이 동참할 뜻을 밝혔다.

"저희들도 노동을 하여 함께 복전이 되도록 하겠습니다."

그리하여 대지 백만 평에 붉은 벽돌의 집들을 몇 달 사이에 다 지었다. 사리불의 설계에 따라 우물을 여덟 개 파고, 부처님의 향실을 중심으로 그 앞에 대강당을 짓고, 좌우는 사리불·목건련·아난존자 등이 각기 그들의 권속들을 거느리고 지낼 수 있는 집들이 대형으로 여섯 동이나 마련되었다.

이 소문을 들은 바라문 교인들이 시기 질투하여 시위

를 하였다.

"외국의 종교가 국내에 들어오면 민심이 갈라져서 안 됩니다."

"수천 년 조상의 역사가 때 묻지 않게 보존되어 온 이 사밧티에 색다른 종교가 들어온다면 백성들이 당황할 것입니다."

"더군다나 최고 지도자가 카필라 국 왕자 출신이라 하니 혹 정치적 술수가 들어 있는지도 알 수 없습니다."

사람들의 생각은 가지각색이었다. 그러나 사밧티 임금님은 수닷타 장자의 말을 듣고 일단 받아들이되 본인은 부처님을 마중 나가지 않고 그 대세를 두고 보기로 하였다.

과연 1,250명의 스님들은 그 거룩한 복장과 행리(行履)만 보아도 늠름하였다. 사밧티에서는 이렇게 많은 스님들을 본 일이 없었기 때문에 부처님께서 사밧티에 오시는 날은 수많은 백성들이 길거리에 나와 연도를 꽉 메우고 구경하였다. 대부분의 사람들이 종교는 달라도 모두 합장하고 절을 하며 "오신 것을 환영합니다."라고 하면서 기쁘게 맞이하였다. 이에 부처님께서 크게 찬탄하셨다.

• 전생의 서원으로 기원정사를 짓다

수닷타는 그의 권속들과 함께 수천 명 분의 음식을 장만하여 먼저 먼 거리를 걸어온 스님들께 공양하고, 다음에 구경 나온 사람들까지도 모두 대접하였다. 모든 사람들이 스님들을 따라 질서를 지켜 밥 티 하나 버리지 않고 깨끗하게 음식을 먹어 당장 문화 시민의 긍지가 나타나는 것 같았다.

부처님은 기타 태자가 보시한 나무(祇樹)에 급고독 장자가 희사한 돈으로 절이 지어졌기 때문에 절 이름을 '기수급고독원'이라 이름 지어 주셨는데, 부처님께서 45년 교화를 펼치면서 이 기원정사에 제일 많이 계셨고, 법 또한 제일 많이 설하신 곳으로 유명하다. 수닷타 장자는 일생 동안 부처님의 전법 활동에 큰 힘이 되어 드렸다.

 녹자모 강당(동원정사)을 시주한 미가라 장자의 며느리

수닷타 장자에게 딸이 하나 있었다. 이름은 수마제 였는데 매우 아름답고 품행이 반듯하여 사람들의 칭송이 자자하였다. 어느 날 수닷타 장자에게 친구인 만재 장자 가 찾아왔다. 수마제가 나와서 인사를 드리자 며느리 감 을 찾고 있던 만재 장자의 눈이 번쩍 뜨였다.

"이보게, 자네 딸을 내 며느리로 주게나."

하지만 수닷타는 승낙할 수 없었다. 왜냐하면 자기는 독실한 불자집안인데, 친구의 집안은 자이나교의 나형외 도(나체행자)를 믿고 있었기 때문이었다. 이런저런 핑계를 대며 승낙을 미루던 수닷타는 친구가 하도 조르는 바람에 부처님께 의논을 하였다. 그런데 의외로 부처님께서 아주 좋은 일이 있을 것이라고 하셨다. 부처님의 흔쾌한 허락 으로 수닷타는 용기를 내어 딸을 시집보냈다.

그런데 만재 장자의 고향인 만부성에서는 성 밖의 사 람들과 혼인 맺으려면 자기들이 믿는 나형외도 6천 명을 초대하여 정성껏 음식을 공양 올리면서 허락을 얻어야 했다. 만재 장자도 6천 명이나 되는 나형외도들을 집으로 초대하였다. 그리고 귀한 음식을 대접한 뒤에 며느리를 불러내었다.

수마제는 시아버지의 명을 받고 단정하게 치장하고 방에서 나왔다. 하지만 나형외도들을 보는 순간 기겁을 하고 자기 방으로 돌아갔다.

"저는 벌거벗은 사람들에게 절을 하고 싶지 않습니다. 제가 믿고 있는 부처님과 부처님의 제자들은 모두가 법다운 모습으로 공양을 받는데 저들은 부끄러운 줄도 모르는가 봅니다."

한바탕 소동이 일어났다. 시아버지가 아무리 타이르고 권해도 수마제는 나올 생각을 하지 않았다. 오히려 부처님 이야기만 하는 것이었다. 결국 나형외도들은 크게 화를 내고 돌아갔다. 갓 시집온 며느리의 행실치곤 도저히 그냥 넘길 수 없는 무례였다. 시아버지는 그날 이후 한숨 속에서 나날을 보내었다. 애초에 예견하지 못한 것은 아니었으나 며느리가 너무나 완강하였기 때문이었다.

'내가 잠시 제 정신을 잃었던 게야. 며느리를 잘못 들여 집안이 망하게 생겼구나.'

그런데 마침 이때 장자의 오랜 친구가 찾아와 그의 걱정을 덜어주었다.

"오히려 잘 되었네. 어서 부처님을 집으로 모시고 법을 들어보게나."

친구의 권유로 결국 만재 장자는 며느리에게 말하였다.

"아가, 네가 믿는다는 그 부처님을 나도 한번 뵙자꾸나. 그분과 제자들을 집으로 초대하렴."

자기 때문에 시댁에 그림자가 드리운 것이 가슴 아팠지만 옳은 신앙만큼은 양보할 수 없어 속앓이를 하던 며느리는 시아버지의 제안이 고맙기 그지없었다. 그녀는 서둘러 부처님과 스님들을 시댁으로 초청하였다.

부처님이 제자들을 거느리고 만부성으로 들어오시던 날, 한 번도 부처님을 뵌 적이 없는 만부성의 사람들은 모두 거리로 쏟아져 나왔다. 만재 장자의 집안에 평지풍파를 불러일으킨 며느리의 '그 스승'을 구경하기 위해서였다.

장자의 여법한 공양을 받고 난 부처님은 만재 장자에게 오계를 지킬 것과 보시할 것, 그리고 선업을 닦아서 천상에 태어날 것을 당부하셨다. 나아가 탐욕과 번뇌는 더러운 것이니 속히 벗어나라고 이르셨다.

부처님의 설법을 듣고 장자의 생각이 서서히 열리기 시작하였다. 법을 받아들일 마음가짐이 갖추어졌음을 보시고 부처님은 이어서 사성제에 대하여 자세히 설명하셨다.

그리하여 부처님의 제자가 되어 진리를 보는 깨끗한 눈을 얻게 된 만재 장자는 동쪽 동산에 절을 지어 승단에 바쳤다. 이 일로 인해 그 성의 사람들도 부처님의 제자가 되었다.

자기의 뜻을 거역한 며느리를 타박하지 않고 오히려 마음을 먼저 연 시아버지 만재 장자. 그는 며느리로 인하여 진리의 세계에 발을 디딜 수 있었다. 이쯤 되면 시아버지가 며느리에게 어떤 칭찬의 말을 하였을지 궁금해진다.

그가 며느리 수마제에게 말하였다.

"아가, 나를 다시 태어나게 하였구나. 너는 내 정신을 다시 태어나게 한 어머니이다."

훗날 사람들은 그 절을 '만재 장자 어머니의 강당(녹자모강당)'이라 불렀다.

"정사를 세운 그대들의 마음의 공양, 그 공덕은 참으로 클 것이오. 동원정사는 기원정사와 나란히 사밧티에 있어 불법 유포의 커다란 거점이 되어 번민에 휩싸인 수많은 사람들의 의지처가 될 것이오. 장자(시아버지)는 며느리를 정법을 만나 깨우치게 해 주었다고 녹자모라 부르니 정사 이름은 '녹자모 강당'이라고 할 것이며, 기원정사의 동쪽에 위치하였으니 '동원정사'라고 부르라."라고 부처님께서 말씀하셨다.

이 녹자모 강당은 기원정사·죽림정사와 더불어 부처님이 머물며 법을 설하셨던 대표적인 곳이다.

망나니 아들 깔라의 교화

수닷타 장자에게는 망나니 아들 깔라가 있었다. 이

아들의 나쁜 습관을 고칠 방법을 궁리하다 결국 돈으로 아들의 마음을 움직여 보기로 하였다. 장자는 아들에게 만약 네가 초하루나 보름날 저녁에 부처님께서 설법하시는 곳에 가서 하룻밤을 새고 오면 돈을 주겠다고 약속을 하였다. 그런데 아들은 부처님께서 설법하시는 곳에 가기는 하였으나 그저 시간만 보내다 아침에 돌아왔다. 아버지는 반가운 나머지 아들에게 아침으로 죽부터 먹이려고 하자 아들은 먼저 돈이나 달라고 하였다.

다음날 장자는 아들에게 말했다.

"이제 부처님에게 게송 한 구절을 배워서 외우면 그 보상으로 일천 냥을 주겠다."

그래서 아들이 정사에 가서 부처님께 뭔가를 배우고 싶다고 청하자, 아들을 보낸 부모의 마음을 꿰뚫어 아신 부처님께서는 짧은 게송을 한 편 가르쳐 주셨다. 그리고는 "이것을 외우면 아주 좋을 것이다."라고 말씀하셨지만, 깔라에게 그 게송을 욀 수 없도록 만들었다. 깔라는 아무리 애를 써도 그 게송을 외지 못하였다. 그런데 외우려고 애

쓰는 사이에 게송의 의미를 저절로 깨우치게 되었다. 깔라는 게송의 의미를 터득하면서 깨달음을 이루게 되었다.

다음날 아침 일찍 깔라가 부처님과 스님들을 따라 자기 집에 도착하자, 장자는 아들에게 일천 냥을 상금으로 내놓았다. 그러자 놀랍게도 아들은 그 상금을 부끄러워하며 받으려 하지 않았다. 장자는 아들에게 거듭 권하였지만 깔라는 아주 겸손한 태도로 돈 받기를 거절하였다. 그러자 장자가 부처님께 말씀드렸다.

"부처님, 제 아들이 사람이 아주 달라졌습니다. 이제는 제 아들이 하는 짓이 마음에 들기 시작합니다. 이제 아들을 신임할 수 있을 것 같습니다. 감사합니다."

수닷타 장자 부인의 지극한 공양

수닷타 장자는 부처님께 기원정사를 지어 공양할 만큼 부자였으나 며칠 동안 끼니를 구하지 못할 정도로 극심한 가난에 빠진 적이 있었다.

그러던 어느 날, 쓰레기를 뒤지다가 나무로 만든 되 하나를 얻었다. 전단향 나무로 깎아 만든 것이었다.

"꽤 값이 나가겠군."

수닷타는 매우 기뻐하며 그 되를 팔아서 쌀 넉 되를 사 가지고 집으로 돌아왔다.

"자, 여기 쌀이 있으니 빨리 밥을 짓도록 하세요. 나는 나무를 해 오리다."

수닷타 장자는 쌀을 아내에게 주고 나무를 하러 갔다. 밥이 다 되었을 즈음이었다. 사리불 존자가 장자의 집으로 찾아왔다.

"존자님, 마침 잘 오셨습니다. 공양을 올리겠습니다."

부인은 기쁜 마음으로 사리불 존자의 발우에 밥을 담아 드렸다. 사리불이 돌아간 뒤, 부인은 다시 한 되의 쌀로 밥을 지었다. 그런데 밥이 다 되었을 때였다. 이번에는 목건련 존자가 찾아왔다.

"존자님, 잘 오셨습니다. 마침 밥을 지었답니다. 공양을 올리겠습니다."

장자의 부인은 기뻐하며 밥을 모두 목건련의 발우에

부었다. 목건련이 돌아간 뒤, 부인은 다시 한 되의 쌀로 밥을 짓기 시작하였다. 밥이 다 되었을 때 이번에는 가섭 존자가 집안으로 들어오고 있었다.

"존자님, 마침 잘 오셨습니다. 공양을 올리겠습니다."

장자의 부인은 처음과 마찬가지로 기뻐하며 밥을 모두 가섭의 발우에 담아 주었다. 가섭이 돌아간 뒤 부인은 마지막 남은 한 되의 쌀로 밥을 지었다. 그런데 이번에는 부처님이 오셨다.

부인은 쫓아가서 부처님께 예배를 올렸다.

"부처님, 마침 잘 오셨습니다. 공양을 올리겠습니다."

부인은 마지막 쌀로 지은 밥을 모두 부처님의 발우에 담아 드렸다. 부처님이 돌아가신 후 수닷타 장자가 나무를 해 가지고 돌아왔다.

부인은 잠시 망설였다.

'넉 되의 밥을 모두 부처님과 부처님의 제자들께 다 공양을 올렸는데 남편이 야단을 치면 어쩌지?'

부인은 이런 생각을 하며 먼저 남편의 마음을 떠보기

로 하였다.

"여보, 가령 넉 되의 쌀을 나누어서 한 되로 밥을 지었는데 사리불 존자가 오신다면 어쩌지요?"

"그야 말할 것 있소? 공양을 올려야지."

부인은 다시 물었다.

"나머지 쌀에서 다시 한 되를 나누어 밥을 지었을 때 목건련 존자가 오시면 어쩌지요?"

"그야 한 되 밥을 다 공양 올려야지. 우리야 남은 쌀로 밥을 지어 먹으면 되지 않소?"

부인은 망설이며 또 물었다.

"여보, 그 나머지 한 되 쌀을 나누어서 또 밥을 지었을 때 가섭 존자가 오시면 어떻게 하면 좋을까요?"

"그야 말할 것 있나요. 복밭을 왜 놓쳐요. 한 되 밥을 다 공양 올려야지. 우리야 남은 쌀로 밥을 지어 먹으면 되지 않소?"

"여보, 그런데 마지막 쌀로 밥을 다시 지었을 때 부처님이 오신다면 어쩌지요?"

장자는 큰 목소리로 말했다.

"그건 왜 묻는 거요? 당연히 공양을 올려야지. 복밭을 왜 놓친단 말이오?"

부인은 장자의 대답을 다 들은 후 기쁜 마음으로 오늘 있었던 일을 말했다.

"그래? 그거 참 잘 했군. 잘 했어요. 잘 했고말고."

수닷타 장자는 손뼉이라도 칠 듯이 기뻐했다. 수닷타 장자는 비어 있는 곡식 창고를 열었다.

"아니?"

비어 있던 곡식 창고에 쌀이 가득했다.

"복이 왔군. 복이 왔어!"

다른 창고에는 금은이 가득했다.

"복이 왔어. 복이 왔다구."

장자와 부인은 손을 잡고 기쁨의 춤을 추었다.

그리고 또 얼마 있으니까 왁자지껄한 소리와 함께 곡식과 여러 물건들을 가득 실은 수레가 여러 대 도착하였다. 놀라서 눈이 휘둥그레진 수닷타 장자는 그 수레를 몰고 온 사람들을 살펴보니 자기한테 돈을 빌려간 사람들이었다. 그 사람들이 말하기를, "지난 밤 잠을 자는데 꿈에 창칼을 든 장군(신중님)들이 나타나 수닷타 장자에게 빌린 돈을 당장 갚지 않으면 사람도 재산도 모두 다 없어질 것이라고 하여서 두려운 마음에 가지고 왔다."고 하였다.

수닷타 장자는 다시 경제가 원활히 돌아가면서 열심히 사업하여 전날의 부자로 돌아갔다.

오만방자한 옥야를 교화하시다

어느 때 부처님께서 슈라바스티의 제타 숲(기수급고독원)에 계시었다.

이때 수닷타가 아들을 위해 부유하고 귀한 장자의 집 딸을 데려와 며느리로 맞이하였다. 그녀는 얼굴이 단정하고 아름다웠으나 방자하고 오만하여 여자의 예로써 시부모와 남편을 받들어 섬기지 않았다. 수닷타는 집안사람들과 의논했다.

"며느리가 오만 방자하니, 무슨 방법으로 깨우치게 해

야 하나. 만일 지팡이로 때린다면 좋은 법이 아니고, 만일 깨우치게 하지 않으면 그 죄는 날마다 더하여질 것이다. 오직 부처님 대성인만이 깨우치게 할 수 있을 것이다.”

그래서 공양을 준비하고, 날이 밝는 대로 부처님을 찾아뵙고 청하였다. 부처님께서 청을 받고 다음 날 비구들을 데리고 수닷타의 집으로 오셨다. 수닷타의 집안사람들 모두 나와서 부처님께 예를 올리는데 옥야는 나오지 않았다. 부처님께서 곧 자마금 빛의 큰 광명을 발하여 옥야의 방 안을 비추고 부처님은 32상 80종의 상호를 나타내셨다. 옥야가 부처님의 광명과 상호를 보고 깜짝 놀라 두려운 마음이 생겨서 곧바로 나와 부처님께 예를 올렸다.

부처님께서 옥야에게 말씀하셨다.

“여인의 법은 얼굴이 단정한 것을 믿고 교만한 마음을 내어서는 안 된다. 용모가 단정한 것이 단정이 아니다. 오직 마음과 행이 단정하여야 사람의 경애를 받는 것이니 이것이 단정함이다. 면모가 단정한 것을 믿고 교만·방자해서는 안 된다. 그리하면 뒷세상에 비천한 집에 태어나서 남의 종이 될 것이다.”

• 여인의 세 가지 장애와 열 가지 악

부처님께서 이어 옥야에게 말씀하셨다.

“여인의 법에 세 가지 장애(三障)와 열 가지 악(十惡)이 있는데 스스로가 알지 못한다.”

옥야가 부처님께 여쭈었다.

“무엇이 세 가지 장애와 열 가지 악입니까?”

부처님께서 말씀하셨다.

“하나는 어렸을 때에 부모에게 장애되는 것이요, 둘째는 출가하여 남편에게 장애되는 것이요, 셋째는 늙었을 때에 아들에게 장애되는 것인데 이것이 세 가지 장애이다.

열 가지 악이란 무엇인가? 첫째는 낳았을 때에 부모가 좋아하지 않는 것이요, 둘째는 양육하는 재미가 없는 것이요, 셋째는 시집가고 장가드는 데 예를 잃을까 항상 근심하는 것이요, 넷째는 곳곳에서 사람을 두려워하는 것이요, 다섯째는 부모와 이별하는 것이요, 여섯째는 다른 문

호에 의탁하는 것이요, 일곱째는 임신하기가 어려운 것이요, 여덟째는 생산할 때 어려운 것이요, 아홉째는 항상 남편을 두려워하는 것이요, 열째는 항상 자유를 얻지 못하는 것이니, 이것이 열 가지 악이다.”

옥야는 부처님께서 말씀하시는 세 가지 장애와 열 가지 악을 듣고 몸과 마음이 떨리고 두려워서 부처님께 여쭈었다.

“원하옵나니 세존이시여, 저에게 아내 노릇하는 법을 가르쳐 주소서.”

부처님께서 옥야에게 말씀하셨다.

“아내 노릇하는 법이 다섯 가지가 있다. 무엇 무엇이 다섯 가지인가? 첫째는 어머니 같은 아내요, 둘째는 신하 같은 아내요, 셋째는 누이 같은 아내요, 넷째는 종 같은 아내요, 다섯째는 남편 같은 아내다.

무엇을 어머니 같은 아내라고 하는가? 남편 사랑하기를 아들같이 하기 때문에 어머니 같은 아내라고 한다. 무엇을 신하 같은 아내라고 하는가? 남편 섬기기를 임금같이 하기 때문에 신하 같은 아내라고 한다. 무엇을 누이 같은 아내라고 하는가? 남편 섬기기를 형과 같이 하기 때문에 누이 같은 아내라고 한다. 무엇을 종 같은 아내라고 하는가? 남편 섬기기를 첩같이 하기 때문에 종 같은 아내라고 한다. 무엇을 남편 같은 아내라고 하는가? 친한 사람을 대하고 생소한 사람을 등지는 짓을 영구히 떠나며, 사랑하고 다정하여 한 마음에 형상만이 다른 것같이 하며 높이 받들어 공경하고 조심하여 교만한 마음이 없으며 안팎을 잘 섬기어 집안을 풍성하게 하며, 빈객을 접대하여 좋은 이름이 날리게 하는 것이니, 가장 좋은 부부의 도가 되는 것이다."

• 시부모와 남편 섬기는 다섯 가지 착한 것과 세 가지 악한 것

부처님께서 이어 옥야에게 말씀하셨다.

"시부모와 남편을 받들어 섬기는 데는 또 다섯 가지 착한 것과 세 가지 악한 것이 있다."

옥야가 부처님께 여쭈었다.

"무엇이 다섯 가지 착한 것과 세 가지 악한 것입니까?"

부처님께서 옥야에게 말씀하셨다.

"하나는 늦게 자고 일찍 일어나서 가사를 다스리며, 맛있는 음식이 있으면 자기 입에 넣지 말고 먼저 시부모와 남편에게 드리는 것이요, 둘은 집안의 물건을 살펴서 잃어버리지 않게 하는 것이요, 셋은 말을 조심하며, 욕된 일을 참고 성내는 것이 적은 것이요, 넷은 공경하고 단정하고 경계하고 조심하여 항상 미치지 못할까 두려워하는 것이요, 다섯은 한 마음으로 시부모와 남편에게 효성하고 공손하여 착한 이름이 있게 하며, 친족을 기쁘게 하여 남의 칭찬을 받는 것이니, 이것이 다섯 가지 착한 것이다.

무엇이 세 가지 악한 것인가? 하나는 어둡지도 않아서 일찍 자고 해가 올라와도 일어나지 않으며 남편이 꾸짖고 노하면 도리어 불평하고 욕하는 것이요, 둘은 좋은 음식은 자기가 먹고 나쁜 음식은 시부모와 남편에게 주며 간사한 빛으로 속이고 거짓이 있어 요사스럽기가 한이 없는 것이요, 셋은 생활은 생각지 않고 세간에 놀고 돌아다니며 다른 사람의 좋고 추한 것을 말하고 남의 짧고 긴 것을 찾아서 구설로 싸우며, 친족에게 미움을 받고 남의 천대를 받는 것이니, 이것이 세 가지 악한 것이다.”

옥야는 부처님께서 말씀하시는 다섯 가지 착한 것과 세 가지 악한 것을 듣고 믿고 공경하고 기뻐하여 부끄러워하는 마음이 나서 부처님께 여쭈었다.

• 옥야의 참회

“제가 어리석고 미련하여 부처님을 뵙지 못하고 법을 듣지 못하였을 때에는 한없는 죄악과 장애를 저지르고도 스스로 깨닫지 못하였더니, 이제 다시 말씀을 듣고 확연히 깨달아서 지난날에 행한 것이 그른 줄을 알았습니다. 지금부터는 지난 것을 고치고 앞일을 닦아서 세존의 말씀에 순종하여 다시는 어기지 않겠습니다. 바라옵나니, 세존께서 사랑하고 불쌍히 여기시는 마음으로 구제하시어 저의 참회를 들어주셔서 죄과를 없애고 오계를 받아서 제자가 되게 하여 주옵소서.”

부처님께서 말씀하셨다.

“착하다, 옥야야. 너의 참회를 들어주겠다. 다시는 그른 일을 하지 말고 이제 주는 계법을 공경히 받들어 닦고 행하라. 살펴 듣고 잘 생각하라.”

옥야가 대답했다.

“그리 하겠습니다, 세존이시여. 즐겁게 받아 가지려 하나이다.”

● 옥야가 계를 받음

부처님께서 옥야에게 말씀하셨다.

“첫째 계는 몸과 손으로 죽이지 않아서 은혜가 여러 생물에 미치는 것이요, 둘째 계는 맑고 깨끗하고 어질고 겸양하여 도둑질하지 않으며, 자기의 것을 덜어서 여러 사람을 구제하는 것이요, 셋째 계는 정숙하고 깨끗하고 음란하지 않아서 행실에 오점이 없는 것이요, 넷째 계는 함부로 말하고 희롱하고 웃지 않는 것이요, 다섯째 계는

술을 멀리하여 마시지 않으며, 여러 죄악을 범하지 않는 것이다.

계율을 보호하여 가지되 머리에 타는 불을 끄는 것과 같이 하여야 한다. 스스로 관찰하여 보면 자기 몸이 이 세상에 오래 머물지 못한다. 위태한 생명은 번개가 빠른 것 같고, 바람이 뜰에 지나는 것 같다. 젊고 성한 것은 반드시 쇠하고 만다. 자태와 얼굴을 믿지 말고 부지런히 정진하여 세상 영화를 버리고 보살의 법과 같이하라. 네가 이제 닦아 행하면 부처에 이를 수 있을 것이다.

불도는 배우지 않을 수 없고 경은 듣지 않을 수 없다. 내가 지금 부처를 이루고서 좋도록 이루어 놓은 대승의 교법은 남자·여자 할 것 없이 즐겁게 법을 듣는 자는 소원하는 대로 얻게 될 것이다.”

● **착한 아내와 악한 아내의 과보**

옥야가 부처님께 여쭈었다.

“세존이시여, 착한 아내는 무슨 영화를 받고 악한 아내

145

는 무슨 허물을 받습니까?”

부처님께서 옥야에게 말씀하셨다.

“착한 아내는 이 세상에서 영예를 받고, 친족이 공경하며, 복을 받아 천상에 태어나고, 천상에서 수명이 다하면 도로 인간에서 왕후의 자손으로 태어나서 나는 곳마다 일체의 존경을 받는다.

악한 아내는 사람들이 미워하여 싫어하지 않는 이가 없어서 일찍 죽었으면 한다. 수명이 마치면 지옥에 떨어져 짐승과 노비가 되어 그 속에서 헤매기에 벗어날 기약이 없을 것이다.”

옥야가 착한 아내와 악한 아내의 법을 듣고 마음에 두려운 생각이 나서 정성껏 행을 닦아 곧 도의 자취를 얻었다. 옥을 조각하고 비단에 수를 놓아 주보장(珠寶帳)을 만들고, 비단 기와 일산을 달고, 여러 가지 유명한 향을 태우며, 탑을 둘러 염불 소리로 노래하니, 소리가 시방(十方)에 들렸다. 보는 자가 모두 기뻐하여 그의 묘당(廟堂) 앞에 머리를 조아렸다.

아난다가 부처님께 여쭈었다.

“이 경을 무엇이라 이름하여야 합니까?”

부처님께서 말씀하셨다.

“이 경의 이름은 여인을 교화하였으니, 옥야경이라고 하라. 만일 여인이 이 경을 얻어 듣고, 받아 가지어 읽고 외우며, 법과 같이 닦아 행하면 여자의 몸을 버리고 다시는 받지 않을 것이다.”

이 경을 말씀하실 때에 대중들이 기뻐하여 예배하고 받들어 행하였다. 부처님의 설법을 들은 옥야는 진심으로 참회하고 귀의하였다.

10

살인마 앙굴리마라 제도

나는 멈추었다. 앙굴리마라여, 너도 멈추어라

앙굴리마라는 나쁜 스승을 만나 "1백 명의 사람을 죽여서 그 엄지손가락을 잘라 목걸이를 만들어 오면 법을 가르쳐 준다."는 스승의 말에 속아 99명을 죽이고 100명을 채우려는데 마침 그의 어머니가 나타나 어머니를 죽이려 하는 것을 부처님께서 그곳에 나타나셔서 어리석은 앙굴리마라를 제도하시니 정법을 듣고 새 정신으로 돌아와 부처님께 귀의하여 깨달음을 얻었다. 부처님의 자비는 적이 없으므로 부처님을 죽이려 하던 살인마도 귀의하게 하였다.

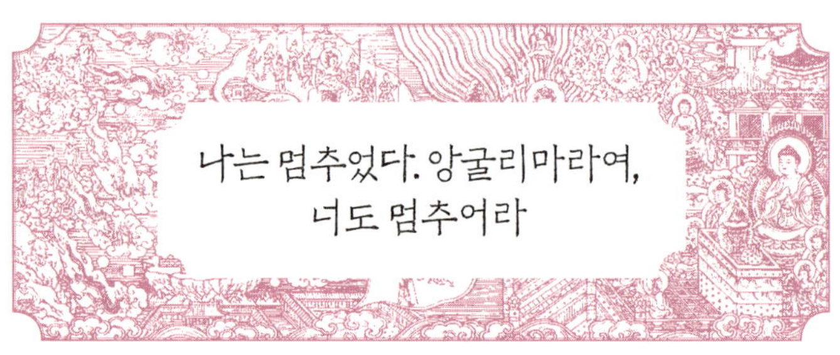

살인마 앙굴리마라를 제자로 받아들이시다

어느 때 부처님께서는 사밧티^(사위국)에 들어가 밥을 빈 다음 성 밖에 있는 숲길을 지나다가 소치는 사람과 밭을 가는 농부들을 만났다. 그들은 길을 가는 부처님을 보자 가는 길을 만류했다.

"부처님, 그 길로 가시면 안 됩니다. 그 길에는 앙굴리마라라는 무서운 살인자가 있어 닥치는 대로 사람을 죽입니다. 사람을 죽인 다음 손가락을 잘라 목걸이를 만들어 걸고 다닙니다. 제발 그 길로 가지 마십시오."

이와 같이 거듭거듭 만류하였으나 부처님께서는

"내게는 두려움이라는 것이 없소."라고 말씀하시면서 길을 떠났다. 얼마 안 가서 앙굴리마라가 갑자기 칼을 치켜들고 나타나 부처님께로 달려왔다. 부처님께서는 태연하게 걸어가셨다. 앙굴리마라는 있는 힘을 다해 뛰었으나 이상하게도 부처님께 가까이 다가설 수가 없었다.

"사문아, 거기 섰거라!" 하고 앙굴라마라가 소리쳤다. 부처님께서 걸음을 멈추고 돌아서서 앙굴리마라를 바라보셨다. 그는 부처님의 자비스럽고 위엄 있는 모습을 대하자 한 발짝도 떼어 놓을 수가 없었다. 조금 전까지의 살기가 순식간에 사라져 버렸다. 이때 부처님께서 조용히 말씀하셨다.

"앙굴리마라여, 나는 여기 이렇게 멈추어 있다. 너는 어리석어 무수한 인간의 생명을 해쳐 왔고 나를 해치려 하지만 나는 여기 이렇게 멈추어 있어도 마음이 평온하다. 너를 가엾이 여겨 여기에 왔다."

이 말을 듣자 앙굴리마라는 문득 악몽에서 깨어나 제

정신으로 돌아왔다. 마치 시원한 물줄기가 훨훨 타오르던 불길을 꺼버린 듯하였다. 그는 칼을 내던지고 부처님 앞에 무릎을 꿇고 엎드렸다.

"부처님, 저의 어리석음을 용서해 주십시오. 그리고 오늘부터 저를 제자로 받아 주십시오."

지혜의 눈을 뜬 앙굴리마라

앙굴리마라는 본래 사밧티의 명문가 출신으로 매우 영리하여 장래가 촉망되던 청년이었다. 그의 원래 이름은 '남을 해치지 않는다'는 뜻을 가진 '아힘사카'였다. 총명한데다 외모도 수려한 아힘사카는 많은 사람의 사랑을 받으며 성장하였다. 그의 스승도 제자들 중에서 그를 가장 믿고 든든히 여겼다. 그런데 아힘사카를 절망에 빠뜨리게 한 사건이 일어났다. 스승의 아내가 잘생긴 그에게 연정을 품고 아힘사카를 유혹한 것이었다. 하지만 아힘사카는 스승의 아내를 멀리하였고, 아힘사카에게 거절당하자 그녀는 남편인 아힘사카의 스승에게 아힘사카를 모함하였다. 분노가 치민 그의 스승은 아힘사카에게 "백 명의 사람을 죽여서 엄지손가락을 잘라 목걸이를 만들어 오면 법을 가르쳐 주겠다."고 말하였다. 이에 스승의 말이라면 모든 것이 진실이라고 여겼던 순수한 청년 아힘사카는 스승의 말이 참인지 거짓인지 분별할 생각조차 하지 못하고 스승이 시키는 대로 살인을 저질러 사밧티를 공포에 휩싸이게 하였다.

앙굴리마라의 이야기를 보면, 나쁜 스승의 삿된 가르침이 얼마나 무서운 일이며 사교(邪敎)의 폐해가 세상에서 가장 큰 죄악을 불러일으킬 수도 있다는 것을 알 수 있다.

그는 부처님을 따라 기원정사에 가서 설법을 듣고 지혜의 눈을 뜨게 되었다. 이튿날 앙굴리마라는 발우를 들고 마을로 밥을 빌러 나갔다. 그가 나타났다는 소문을 듣고 마을 사람들은 두려움에 떨었다. 그가 밥을 빌기 위해 어느 집에 찾아갔는데, 그 집 부인이 해산하기 위해 산실에 들었다가 그가 왔다는 이야기를 듣고 너무 놀란 끝에 해산을 못하고 말았다. 그 집 사람들에게 무서운 저주를 받은 앙굴리마라는 빈 발우를 들고 기원정사로 돌아와 눈물을 흘리면서 부처님께 도와주기를 호소했다.

부처님께서는 이렇게 말씀하셨다.

"앙굴리마라여, 너는 곧 그 집에 가서 여인에게 '나는 이 세상에 난 뒤로 아직 산 목숨을 죽인 일이 없습니다. 이 말이 사실이라면 당신은 편안히 해산할 것입니다.'라고 하여라."

앙굴리마라는 놀라서 부처님께 말씀드렸다.

"부처님, 저는 아흔아홉 사람의 목숨을 빼앗았습니다."

"도(道)에 들어오기 전은 전생이다. 세상에 난 뒤라는 말은 도를 깨친 뒤를 말한다."

그가 곧 그 집에 가서 부처님께서 시키시는 대로 했더니 그 집 부인이 편안히 해산을 했다.

참는 마음을 닦아 다시는 다투지 않겠나이다

그러나 그에게 원한이 있던 사람들은 돌과 몽둥이를 들고 나와 그를 치고 때렸다. 온몸이 피투성이가 되어 겨우 기원정사로 돌아온 그는 부처님께 여쭈었다.

"부처님, 저는 원래는 남을 해치지 않는다는 뜻에서 아힘사카(不害)라는 이름을 가졌으면서 어리석은 탓으로 많은 생명을 죽였습니다. 그리고 씻어도 씻기지 않는 피 묻은 손가락을 모았기 때문에 앙굴리마라(指鬘)라는 이름을 얻었습니다.

그러나 이제는 부처님께 귀의하여 깨달음을 얻었습니다. 소나 말을 다루려면 채찍을 쓰고 코끼리를 길들이려면 갈고리를 씁니다. 그런데 부처님께서는 채찍도 갈고리도 쓰지 않으시고 흉악한 제 마음을 다스려 주셨습니다.

저는 오늘 악의 갚음을 받았고, 바른 법을 들어 청정한 지혜의 눈을 떴으며, 참는 마음을 닦아 다시는 다투지 않을 것입니다. 부처님, 저는 이제 살기도 원치 않고 죽기도 바라지 않습니다. 다만 때가 오기를 기다려 열반에 들고 싶을 뿐입니다."

11

부처님의 전도 부촉

“비구들이여, 전도를 떠나라. 많은 사람의 이익과 행복을 위하여, 세상을 불쌍히 여기고, 인천(人天)의 이익과 행복과 안락을 위하여, 그리고 두 사람이 한 길을 가지 말라. 처음도 좋고, 중간도 좋고, 끝도 좋으며 조리와 표현을 갖춘 법(法)을 설하라. 사람들 중에는 마음에 더러움이 적은 자도 있거니와 법을 듣지 못한다면 그들도 악(惡)에 떨어지고 말리라. 법을 들으면 깨달을 것이 아닌가. 비구들이여, 나도 또한 법을 설하기 위하여 우루벨라의 세나니가마(將軍村)로 가리라.”

— 『상응부 경전 45 전도(傳道)의 선언(宣言)』

부처님의 전도 부촉

비구들이여, 전도를 떠나라

보리수 아래서 지혜의 눈을 뜬 부처님은 하루도 쉬지 않고 여기저기 다니면서 지혜롭게 사는 길을 말씀해 주셨다. 부처님께서 설법하실 때마다 부처님을 따라 출가하는 사람의 수는 점점 늘어갔다. 그리고 출가할 수 없는 처지에 놓인 사람들은 부처님을 따르는 신도가 되었다.

부처님의 설법을 듣고 깨달은 다음 아라한(阿羅漢)의 지위에 오른 제자가 56명이 되었을 때 부처님께서는 그들을 한자리에 모아 놓고 이와 같이 말씀하셨다.

"여러 수행자들이여, 나는 인간을 얽어매는 모든 것에서 벗어나 완전히 자유롭게 되었다. 그대들도 인간의 속박에서 자유롭게 되었다. 이제 중생을 제도하기 위해 나아가라. 그러나 같은 길을 두 사람이 함께 가지는 말아라. 한결같이 훌륭한 법문을 중생들에게 들려주고 언제나 깨끗한 수행자의 생활을 하여라. 이 세상에는 때가 덜 묻은 사람도 많으니 그들이 훌륭한 법문을 듣게 되면 곧 깨달아 아라한의 지위에 오를 것이다."

부처님께서는 다음과 같이 덧붙여 말씀하였다.

"수행자들이여, 출가한 사람으로서 법을 펼 때 남에게 존경받겠다는 생각을 해서는 안 된다. 남을 도울 줄 모르고 법에 의해 먹고 살려 하는 자는 법을 먹는 아귀와 같은 자다. 또 너희들이 전하는 법을 듣고 사람들은 기뻐할 것이다. 그럴 때 교만해지기 쉽다. 사람들이 법을 듣고 기뻐하는 것을 보고 자기의 공덕처럼 생각하면 그는 벌써 법을 먹고 사는 아귀가 되어버린 것이다. 그러므로 법을 갉아먹고 사는 아귀가 되지 않도록 항상 겸손해야 한다."

12 승만 공주와 승만경

세상에서 제일 효도한 자식 승만 공주

코살라 국 바사익 왕과 말리 왕비 사이에서 태어난 승만 공주는 아름답고 총명한 딸이었는데 북인도 아유사국 우칭왕의 비가 되었다. 바사익 왕과 말리 왕비가 부처님께 귀의하여 가르침을 배워보니 이 세상에서 인간을 가장 안락하고 행복하게 하는 가르침으로 소중한 딸 승만에게도 부처님께 귀의케 하려고 편지를 보냈더니 부모님의 편지를 받고 환희심이 나서 바로 그 자리에서 부처님 뵙기를 진심으로 발원하니 부처님께서 그때 바로 아유사국 궁전 공중에 나타나시어 정광명을 놓으셨다.

승만 공주는 감탄하여 부처님 발에 예배하며, 부처님을 찬탄하고, 삼대서원과 열 가지 큰 서원을 세워 부처님의 수기를 받았다. 부처님의 정법을 자식에게 알려 귀의하게 하는 바사익 왕 내외는 세상에서 가장 자식을 사랑하는 부모요, 그 부모님의 뜻을 따라 불교에 귀의하여 승만경을 설한 승만 공주는 최상의 효도를 한 것이다.

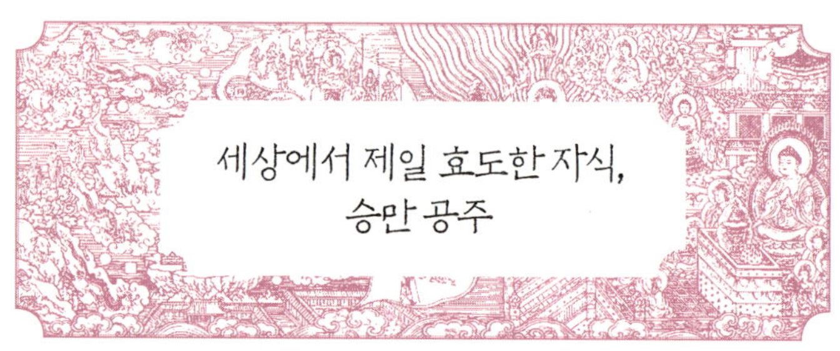

부모와 자식 생각(부모의 자식 참사랑)

이와 같이 나는 들었다.

한때, 부처님께서는 사밧티의 기수급고독원에 머무르고 계셨다.

그때는 바사익 왕과 말리카 왕비가 불법(佛法)을 믿기 시작한 지 오래 되지는 않았으나 부처님의 가르침을 받고 매우 깊은 신심을 내었다. 왕과 왕비, 두 사람은 서로 다음과 같이 말하였다.

"우리 딸 승만은 총명하고 슬기롭고 근기(根機)가 뛰어나고 명민(明敏)하여 쉽게 깨달을 것입니다. 만약 부처님을 뵙는다면 반드시 불법을 깨달아 마음에 의심이 없을 것입니다. 적당한 때에 편지를 보내 승만의 도의(道義)를 계발하게 함이 좋을 것입니다.”

왕비가 왕에게 “지금이 바로 그때입니다.”라고 말했다.

왕과 왕비는 승만에게 주는 편지에 부처님의 헤아릴 수 없는 공덕(功德)을 찬양하는 글을 간략히 써서 찬다라라는 궁녀(宮女)를 보내 전하였다.

궁녀 찬다라는 편지를 간직하고 아유사국에 도착, 궁중으로 들어가 승만 부인에게 공경히 편지를 전했다.

• 승만 부인의 귀의(자식의 참 효도)

승만 부인은 편지를 받고 환희하며 머리 위에 받들었다가 읽었다. 그리고는 희유(稀有)한 마음을 발하며 찬다라를 향해 노래로 말하였다.

내 듣자니 부처님의 음성은

세상에 일찍이 없었던 바,

말과 같이 참으로 진실한 이라면

마땅히 공양을 닦아야 하리.

우러러 생각컨대 부처님께서는

널리 세상을 위하여 나타나셨으니,

마땅히 애민심을 드리우시어

반드시 나로 하여금 보게 하시리.

이와 같은 생각을 하고 있을 때

부처님 허공중에 나타나시어

밝은 광명 널리 비추어

비할 바 없는 몸을 나타내 보이셨네.

승만 부인과 그 권속들

머리를 발에 대고 예(禮)를 올리며

맑고 깨끗한 마음에 감동이 있어,

부처님의 참된 공덕 찬탄들 하네.

- 귀의하는 진실한 마음

여래의 귀한 몸매,

세상에는 짝할 이 없어.

비할 바 없이 불가사의(不可思議)함이여,

이 때문에 지금 공경히 예배합니다.

여래의 몸은 다함이 없고,

지혜도 또한 그러하오니

일체의 온갖 법(法) 항상 머물러

이 때문에 내 지금 귀의합니다.

- 부처님께서 승만의 성불(成佛)을 약속하시다

부처님께서는 대중(大衆) 가운데서 승만에게 곧 수기(手記)하셨다.

"그대는 여래의 진실한 공덕을 찬탄하였으니 이 공덕으로 한량없는 아승지겁(阿僧祇劫) 동안에 마땅히 천상(天上)과 인간에서 자재(自在)로운 왕(王)이 될 것이다.

태어나는 곳 어디에서나 항상 나를 볼 수 있을 것이며, 내 앞에서 찬탄하기를 지금과 다르지 않을 것이다. 마땅히 다시 한량없는 아승지(阿僧祇) 부처님을 공양(供養)하기를 2만 아승지겁을 지나 마땅히 보광여래(普光如來)·응공(應供)·정변지(正遍知)라는 이름의 부처님이 될 것이다.

그 부처님의 나라에는 갖가지 나쁜 일이나 늙고, 병들고, 쇠하고, 번거로운 일이나 뜻에 맞지 않는 고통이 없다. 또한 갖가지 악업(惡業)의 이름도 없다.”

승만 부인이 수기를 얻을 때, 그곳에 있던 한량없는 중생과 모든 신과 사람들이 그 나라에 태어나기를 원하였으므로 세존께서 모두에게 예언하셨다.

“전부 마땅히 왕생할 것이다.”

그때 승만 부인이 수기를 들은 뒤에, 합장하여 열 가지 큰 서원을 세웠다.

• 승만 부인의 10대 서원

1. 받은 계율에 대해 범할 생각을 내지 않겠습니다.

2. 어른들에게 교만한 마음을 내지 않겠습니다.

3. 중생들에게 성내는 마음을 내지 않겠습니다.

4. 남의 잘생긴 용모를 질투하거나 값진 패물에 대해서 부러워하는 마음을 내지 않겠습니다.

5. 제 몸이나 제 소유에 대해서 아끼려는 마음을 내지 않겠습니다.

6. 제 자신을 위해서는 재산을 모으지 않고 가난하고 외로운 중생들을 구제하기 위해서만 모으겠습니다.

7. 아낌없는 보시와 부드러운 말과 이로운 행과 처지를 같이 하는 일 등으로 중생을 거두어 주고 항상 때 묻지 않고 싫어하지 않고 거리낌 없는 마음으로 중생을 대하겠습니다.(사섭법)

8. 외로워 의지할 데 없거나 구금을 당했거나 병을 앓거나 여러 가지 고난을 만난 중생들을 보게 되면 그들을 도와 편안하게 하고 고통에서 벗어나게 한 다음에야 떠나겠습니다.

9. 살아 있는 짐승을 붙잡거나 가두어 기르거나 계율

을 범하는 것을 보게 되면 제 힘이 닿는 데까지 그들을 타이르고, 거두어 나쁜 일을 고치도록 하겠습니다.

10. 바른 법을 깊이 새겨 잊어버리지 않고 끝내 지키겠습니다.

• 승만 부인의 3대 서원

이때에 승만 부인은 다시금 부처님 앞에서 세 가지 크나큰 원을 발하여 이렇게 말씀드렸다.

1. 이 진실한 서원(誓願)으로 헤아릴 수 없고 가이없는 중생들을 편안하고 안온하게 하려 하오니 이 선근(善根)으로써 일체의 생(生)에 정법(正法)의 지혜가 얻어지기를 바랍니다. 이것을 제일대서원(第一大誓願)이라고 합니다.

2. 제가 정법(正法)의 지혜를 얻은 후에는 싫어함이 없는 마음으로 중생들을 위하여 연설하겠습니다. 이것을 제이대서원(第二大誓願)이라고 합니다.

3. 제가 바른 진리를 거두어들이고는 몸과 목숨과 재

산 등을 버려 정법을 보호하고 지켜가겠습니다. 이것이
제삼대서원(第三大誓願)입니다.

이때에 세존께서 승만 부인의 이 서원을 수기(受記)하
셨다.

"삼대 서원(三大誓願)은 일체의 모든 색(色)이 허공중에
들어 있는 것과 같이 보살의 헤아릴 수 없이 많은 서원이
모두 다 이 세 가지 크나큰 서원 중에 들어 있어 이 삼대
원은 진실로 넓고 큰 것이다."

13

말리카 왕비와 바사익 왕

세상에서 제일 자식을 사랑한 부모

팔만대장경에 여성의 이름으로 자주 등장하는 말리카 왕비는 코살라 국(사위국) 바사익 왕의 왕비로 왕의 총애에도 항상 겸손하고 감사하며, 모든 사람에게 자비심으로 대하며, 자신의 마음을 잘 다스려 지혜롭게 대처하므로 모두로부터 사랑을 받았다.

어느 날 말리카는 못생기고 가난한 노예의 신분으로 왕비가 된 자신을 되돌아보니 말리 동산에서 한 수행자(부처님)에게 점심 도시락을 드리고 그날 사냥 나왔다가 지친 바사익 왕을 만난 인연으로 자신이 고귀해진 것을 깨달았다. 그 순간 높은 누각에서 지나가는 수행자들을 바라보다가 도시락을 드린 수행자의 뒷모습을 발견하고 그날 그분이 부처님인 것을 알았다. 불교에 귀의하고 왕도 부처님께 귀의하여 가르침대로 선정을 베풀게 하니 백성의 어머니로 칭송 받고 사랑하는 딸 승만 공주에게 편지를 보내어 부처님께 귀의하도록 하여 승만경이 이 세상에 탄생하다.

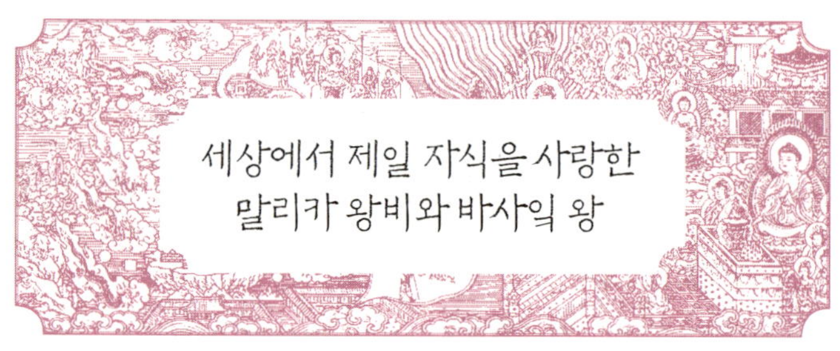

아름다운 말리 동산지기 카필라_(말리카)

코살라 국의 수도 사밧티(사위성) 한 변두리에 위치
한 아름다운 말리 화원. 당시 이름난 대부호이자 바라문
이었던 야즈나닷타의 화원으로 흐드러지게 핀 아름다운
말리 꽃이 바람에 꽃잎을 흩날릴 때면 은은한 향기가 더
해져 낙원을 연상시키는 아름다운 곳이었다.

이 아름다운 꽃동산에 말리 꽃을 가꾸며 화원을 지키
는 한 소녀가 있었다. 그 소녀의 이름은 카필라이고 야즈
나닷타 소유의 노예였다. 볼품없는 외모와 가진 것이라고

는 아무 것도 없는 처량한 신세였지만 그녀는 항상 간절히 꿈꾸었다.

"어떻게 하면 노예 신분으로부터 벗어나 한 여자로 행복하게 살 수 있을까?"

그러던 어느 날 이른 아침에 도시락을 챙겨들고 화원으로 향하는데 도중에 한 사문을 만났다. 수행자에 대한 보시야말로 큰 공덕을 짓는다는 이야기를 들은 카필라는 그 순간 기쁜 마음으로 자기가 점심으로 먹으려고 가져온 맛있는 음식을 수행자에게 올렸다.

• 나도 보시를 하였네

그날은 주인 장자의 생일날로 1년에 한번 맛있는 음식을 만들어 집안에 부리는 노예들까지도 모두 나누어주는 날이다. 카필라는 1년에 한번 먹을 수 있는 그 맛있는 점심밥을 사문에게 드리고 너무나 기쁨에 겨워서 배고픈 줄도 모르고 종일 콧노래를 부르며 꽃을 가꾸었다.

'나도 사문에게 보시하였네. 나도 남에게 베풀었네. 나

도 맛있는 음식을 보시하였네. 나는 행복하다.'

바사익 왕과 만나 운명이 바뀌다

하루 종일 행복한 노래를 부르고 오후가 접어들면서 말발굽 소리와 함께 한 귀공자가 말리 동산에 와서 멈추었다. 그리고 무척 지쳐 있던 그 귀공자가 "물! 물!" 하며 다급하게 물을 달라고 하였다. 카필라는 연잎에 맑은 물을 가득 담아 그 귀공자에게 바쳤다.

갈증이 심했던 그 귀공자는 왜 그릇에 떠와서 빨리 마실 수 있게 하지 않았느냐고 짜증을 내었다. 카필라는 미소 띤 얼굴로 갈증이 심할 때 냉수를 빨리 마시면 물에 체하고 냉수에 체하면 약도 없다고 상냥하게 말씀드렸다.

그리고 또 편안한 자리에 눕게 하고 귀공자의 지친 몸을 안마하여 피곤이 싹 풀리게 하였다.

본래 이 귀공자는 코살라 국 바사익 왕이었다. 그는 병사들과 사냥을 나왔다가 사슴의 무리를 발견하고 정신없이 뒤쫓다가 일행과 헤어지게 되어 이 화원에 들어온 것이다. 그런데 외모는 볼품없었지만 모든 것을 알아서 미리 대처하고 세심하게 배려하는 소녀의 아름다운 마음과 현명한 처사에 감동을 받았다. 왕은 그녀의 주인인 야즈나닷타를 불러 고액을 지불한 뒤 아내를 삼기 위해 그녀를 왕궁으로 데려갔다.

• 왕의 총애에도 항상 겸손

아름다운 옷과 장신구로 치장한 채 궁전에 들어선 카필라는 그때서야 자신을 데려온 사람이 바사익(파세나디) 왕이라는 것을 알게 되었다. 이때부터 카필라는 말리 동산에서 왔다고 하여 '말리카'라 불렸다.

왕은 그날부터 함께 하기를 원했지만 말리카는 궁중의 법도를 익혀 왕을 모시겠다고 하였다. 그녀는 왕궁의 모든 예의범절과 교양을 갖추기 위하여 여러 가지 교육을 받고 심지어 왕의 음식을 만드는 주방에서 요리하는 것을 배우고 왕의 옷, 간식, 꽃꽂이 등 가지가지를 다 배우느라 눈 코 뜰 새 없이 바빴다.

그러던 어느 날 제1왕비를 간택하는데, 이 모든 것에서 단연 1등이고 또한 다른 여인들에 비해 세심하고 배려 깊은 언행과 아름다운 마음씨에 사랑을 느낀 왕이 그녀를 선택하여 제1왕비가 되었다.

 ## 비천한 노예에서 무슨 공덕을 지어 귀한 왕비가 되었을까?

어느 날 사밧티가 한 눈에 내려다보이는 높은 누각에 오른 말리카는 문득 지난날을 회상하다 한생각이 일어났다.

'한낱 노예에 지나지 않았던 내가 무슨 공덕으로 오늘날 이와 같이 왕비의 자리에까지 올랐을까? 이는 분명히 바사익 왕을 만난 날 이른 아침에 그 사문에게 맛있는 도시락을 보시한 공덕이리라.'

말리카는 옆에 있던 시녀에게 물었다.

"혹시 너는 이러이러한 모습의 사문을 알고 있느냐?"

"예, 알고 있습니다. 모습을 들으니 아마도 부처님을

말씀하시는 듯합니다.”

이 대답을 들은 왕비는 크게 기뻐하며 왕의 허락을 얻은 후 부처님이 계신 기원정사로 향했다.

● 그날 밥을 보시해 드렸던 그 사문이 바로 부처님

기원정사에 도착한 말리카는 부처님의 빛나는 용모, 모든 감각기관을 제어하고 있는 듯한 평온함, 코끼리 왕과도 같은 위엄, 청정무구한 모습……. 바로 자신이 지난날 밥을 보시해 드렸던 그 사문이었다.

말리카는 깊은 안도감과 기쁨을 느끼며 부처님께 다가갔다. 그리고 이렇게 질문했다.

“부처님이시여, 같은 여자로 태어났으면서도 어떤 여자는 얼굴도 못생기고 가난하며 신분도 천합니다. 그런가 하면 또 어떤 여자는 얼굴도 예쁘고 재산도 풍부하며 신분도 높습니다. 무슨 이유로 이런 차이가 나타나는 것입니까?”

이것은 그녀에게 인생에서 더할 나위 없이 큰 문제이

177

자 의문이었다. 지금은 한 나라의 왕비가 되었으나 한때 그녀는 아무 것도 가진 것 없는 못생긴 여자 노예에 불과했다. 말리 화원에서 꽃놀이를 즐기는 고귀한 집안의 아름다운 여인들을 바라보며 카필라는 수도 없이 생각했던 것이다.

'무슨 연유로 나는 저 여인들처럼 아름답지도 부유하지도 못하게 태어난 것일까? 나도 저 여인들처럼 아름다운 용모에 고귀한 신분으로 태어났다면 지금 정말 행복할 텐데……'

부처님께서 대답하셨다.

"화를 잘 내며 사람을 괴롭히는 것을 좋아하고, 심한 잔소리나 꾸중을 늘어놓는 여자는 얼굴이 미워진다. 욕심이 많아 사문이나 바라문, 가난한 자, 노인 등에게 보시하지 않고 의복이나 음식, 마차, 향화, 장신구 등을 베풀지 않는 여자는 가난해진다. 다른 사람의 성공을 질투하는 여자는 신분이 낮아진다. 마음을 잘 다스리지 못해 항상 분노하며 남을 책망하는 사람의 얼굴에는 그 감정이 다

드러나기 마련이다. 또한 보시하지 않는 이는 더욱 더 가난해지고 다른 사람의 성공을 질투하는 이는 결코 스스로도 성공할 수 없다."라고 설하셨다.

부처님의 가르침을 들은 말리카는 자신이 아름답지도 부유하지도 또한 고귀하지도 못하게 태어난 것은 전세에 이런 잘못을 저질렀기 때문이라 생각하며, 앞으로는 성내는 일 없이 널리 베풀며 너그러운 마음으로 살 것을 다짐했다.

- 저는 오늘부터 화를 내지도
  번뇌·집착하지도 않겠습니다.

"부처님이시여, 왕궁에는 왕족 출신의 여자, 바라문 출신의 여자, 장자 계급 출신의 여자도 있습니다만, 저는 그들에게 주권을 행사하는 입장입니다. 저는 오늘부터 화내지 않고 번뇌하지도 않겠습니다. 이런저런 소리를 전해 들어도 집착하지도 않고 화도 내지 않으며 본성을 잃지 않고 고집부리지 않을 것입니다. 그리고 사문·바라문을

비롯하여 가난하고 고독한 이들에게 많은 것을 베풀도록
하겠습니다. 질투심을 없애고 다른 사람들의 이익을 바라
며 공경, 존경, 예배 공양을 아끼지 않겠습니다.”

• 삼보에 귀의 오계수지

부처님의 설법을 다 들은 말리카는 불·법·승 삼보에
귀의하며 평생 우바이로 살아갈 것을 맹세하고 오계를 수
지했다. 이후 말리카는 평생 신심 깊은 우바이로서 부처
님과 그 제자들을 성심 성의껏 받들어 모셨다.

• 남편 바사익 왕도 부처님께 귀의 선정을 베풀도록

말리카 왕비는 최고 권력자인 왕의 사랑을 독차지하
고 있었으므로 자만할 수도 있었다. 또한 주위의 모든 환
경과 감정을 동요시키는 일, 자신의 신분과 외모 등이 그
녀를 열등감으로 괴롭히는 일도 많았을 것이다. 그러나
이미 부처님의 가르침을 통해 그 누구보다 아름다운 여인
으로서의 삶을 발견한 말리카는 항상 자신의 마음을 다스

리며 모두에게 자비심을 베풀고 매사에 현명하게 대처해 나갔다.

한 나라의 왕비인 만큼 말리카의 총명하고도 현명한 처사는 남편 바사익 왕에게도 영향을 미쳐 선정으로 이어지게 했다. 한때 바사익 왕은 간신들의 잘못된 충고를 받아들여 자신의 생명을 구하고자 대 희생제를 하고자 했는데 말리카는 왕의 어리석은 행동을 깨우치게 하여 부처님께 인도했다. 이때 목숨을 구한 수많은 사람들은 그녀를 '생명의 어머니', '생명의 은인'이라 칭송하였다.

● 국정으로 바쁜 바사익 왕에게 부처님의 설법을 전하다

바사익 왕도 말리카 못지않게 신심 깊은 우바새였으나 국정으로 바빠 부처님을 자주 찾아 뵐 수가 없었다. 이런 왕을 위해 말리카는 자신이 불법을 배워 틈나는 대로 왕에게 알려드릴 것을 제안하였다. 또한 많은 비빈들에게도 부처님의 법문을 듣게 하고 부처님께 들은 법문을 잘 기억했다가 왕에게 전하도록 하였다. 그 옛날 말리 화원에서 한 사문에게 점심 도시락을 공양 올린 공덕으로 왕비가 되어 그 사문 즉 부처님을 다시 뵙고 그 가르침을 통하여 한 여인에서 나아가 한 나라의 왕비로서 지혜와 자비로써 모든 백성들을 사랑하므로 평생 왕과 백성들에게 사랑을 받았다. 또한 그녀가 세상을 떠난 뒤에도 그들은 진정 애통해하고 사랑하고 존경하였다.

세상에서 제일 자식을 사랑한 부모

이와 같이 부처님의 법을 만나 밝고 행복한 삶을 살아간 말리카 왕비와 바사익 왕은 자기들이 부처님 법 만남을 너무나 감사히 여기며 북인도 아유사국 우칭왕에게 시집간 사랑하는 딸 승만 공주에게도 부처님을 만나게 이끌어주었다.

부모님으로부터 부처님의 가르침을 접하게 된 효성 지극한 승만 공주는 간절하게 기원하였다. 마침내 북인도 아유사국 궁전의 허공에 떠계신 부처님을 뵙고, 부처님을 찬탄 공양하며, 진리에 들었다.

승만 부인은 세계 종교사에 유래를 찾기 힘든 여성에 의한 경전인 승만경을 설하고, 부처님께서 이를 증명하시어 승만경이 이 세상에 탄생하였다.

사랑하는 딸에게 세상사람들이 좋아하는 금은보화를 선물로 보내는 것이 아니라 부처님의 가르침을 선물 보낸 말리 왕비와 바사익 왕이야말로 세상에서 제일 자식을 사랑하는 부모이다. 또한 승만 부인 또한 간절한 부처님의 진리를 깨달아 생사의 고통에서 벗어나 진리의 세계, 해탈의 세계, 열반의 세계에 들었으니 이 세상에서 제일 효도한 자식이다.

바사익 왕의 다이어트

부처님이 사밧티에서 교화 설법하실 때의 일이었다.

'바사익' 왕은 귀로 아름다운 소리를 찾고, 코로 맛 나는 향기를 탐내고, 입으로 오미(五味)를 마음대로 하며, 몸으로는 항상 미인과 즐기기를 좋아했다.

그는 항상 맛있는 음식을 먹고 배가 불러도 늘 부족함을 느꼈다. 먹고 또 먹어서 뚱뚱해졌다. 살이 너무 쪄서 마침내 수레를 타기도 힘이 들고, 앉고 서거나 눕는 데도 자유롭지 않아 잠도 편히 잘 수 없었다.

왕은 괴로움을 참지 못해 생각 끝에 신하들에게 명령하여 거가(車駕)를 준비시켜 부처님을 찾아뵈었다. 뚱뚱한 몸을 시자들에게 부축 받아 겨우 인사를 드린 뒤 부처님께 말씀드렸다.

"부처님, 저는 요사이 아무래도 몸이 가볍지 않기 때문에 마음대로 찾아와 문안도 드리지 못했으나 이제 부처님의 건강하신 법체를 뵈오니 매우 기쁩니다. 과연 저는 무슨 과보로 이와 같이 뚱뚱하게 살이 찌는 것입니까? 너무 괴롭습니다. 원하옵건대 저를 편안하게 해 주십시오."

부처님께서는 괴로움을 이기지 못해 숨이 차 헐떡이며 말하는 왕을 보고 말씀하셨다.

"대왕이여, 사람이 살이 찌는 것은 다섯 가지 원인이 있으니, 첫째 과식하는 것, 둘째 수면을 탐내는 것, 셋째 마음을 괴롭히지 않는 것, 넷째 즐거움을 탐내는 것, 다섯째 일이 없는 것입니다. 이 다섯 가지 일 때문에 몸이 비대해지는 것이니, 만약 비대해지지 않으려거든 음식을 줄이고 일을 부지런히 하면 반드시 살이 빠질 것입니다."라고 말씀하신 다음, 다시 다음과 같은 게송을 읊으셨다.

"먹는 것을 덜고 부족함을 원하라.
그러면 자연 고통도 없어져서
몸은 한결 가볍고 수명은 길어지리라.
명심하라, 사람들이여. 잊지 말라."

왕은 이 게송을 듣고서 기쁨을 참지 못해 즉각 '신하'를 불러,

"너는 지금 부처님의 게송을 잘 외워두고서 나에게 식사를 준비할 때마다 반드시 한 번 이 게송을 불러 달라."고 명했다.

왕은 궁으로 돌아온 다음부터 식사 때마다 그 게송을

들으면서 매일 한 숟가락씩 음식의 양을 줄였다. 이렇게 줄이는 데 따라서 자연히 그의 몸도 가벼워질 뿐 아니라, 예전과 같이 살이 빠지자 몸과 마음이 함께 편안해졌다.

왕은 이 기쁨을 부처님께 고하고자 부처님의 처소로 찾아가서 참배를 하였다.

부처님께서는 왕에게 자리를 권한 다음 물으셨다.

"대왕은 수레고 말이고 다 자유로이 쓸 수 있는데 오늘은 어찌하여 걸어왔습니까?"

"부처님! 저는 부처님의 가르침을 받고 그 가르침에 따라서 그와 같이 지켰기 때문에 지금은 몸이 가볍고 마음도 편안하여졌습니다. 그래서 이제는 제 힘으로 걸을 수 있습니다. 오늘은 수레도 말도 타지 않고 왔습니다. 이것은 오직 부처님의 신력 덕분이라고 생각합니다. 마음 깊이 감사드립니다."

"대왕이여! 세상사람들은 음식뿐만 아니라, 모든 욕정을 마음대로 하는 것이 가장 행복하다고 생각하지만 사람이 죽으면 정신은 사라지고, 그 몸은 해골이 되어 무덤에

남는 것이오. 그런데 사람들은 정신을 기르는 데 힘쓰지 않고, 다만 그 육체만을 기를 뿐이오."

바사익 왕은 거듭 부처님의 법문을 듣고서 흔연히 마음에 깨달은 바가 있었다.

14

제1차 경전 결집

여시아문(이와 같이 나는 들었다)!

부처님이 열반에 드신 후 그 해 6월에 라자가하의 칠엽굴에서 마하카샤파를 중심으로 500아라한이 모여 첫 번째 경전 결집이 이루어지게 되었다. 즉 팔만대장경이 세상에 탄생한 시초이다. 경전을 외워내는 사람은 25년 동안 부처님의 시자로 부처님의 설법을 다 들은 아난다 존자가 최적임자였지만 그때까지 깨달음을 얻지 못하여 경전의 송출을 할 수가 없었다. 아난다 존자는 용맹정진 끝에 진리를 깨달아 칠엽굴로 들어갔다. 이때 상수제자 마하가섭 존자께서 아난다 존자에게 법좌에 오르시기를 권하여 좌정하니 그때 그곳의 500아라한들은 다시 세존(부처님)을 뵈옵는 듯한 감동이었다. 가섭 존자께서 큰 소리로 "아난다 존자는 경을 송출하고 우팔리 존자는 율을 송출한다."고 선언하니 아난다 존자가 장엄한 목소리로 '여시아문, 이와 같이 나는 들었다.' 팔만대장경의 모든 경전 첫머리에 이 말씀이 나와 부처님의 가르침이 이루어졌다.

부처님의 열반과 경전 결집

어느 때 부처님께서 쿠시나가라 성의 말라 동산에 있는 사라 나무 사이에서 열반에 드셨다. 그때에 말라 족 사람들이 부처님의 시신(사리)을 깨끗이 씻어서 깨끗한 솜으로 싸고, 다시 500장의 겹으로 차곡차곡 싼 뒤에 쇠로 관을 만들어서 향기로운 기름을 가득히 담고 시신을 그 안에 모신 뒤에 뚜껑을 덮었다. 그리고 다시 나무 곽을 만들어서 쇠관을 그 안에 넣고, 그 밑에는 향기로운 장작을 많이 쌓았다.

그때에 말라 족 대표자가 불을 붙였는데 하늘이 그 불을 끄자 다시 말라 족 아들들도 차례차례 모두 불을 붙였으나 하늘은 또 그 불을 모두 껐다.

• 헛수고를 하지 마라

그때에 아나율 존자가 말라 족 사람들에게 말했다.

"그렇게 헛수고를 하지 마라. 하늘이 그대들의 불을 끄는 것이다."

그들이 곧 아나율 존자에게 물었다.

"대덕이시여, 하늘이 왜 우리들의 불을 끄는 것입니까?" 하니 아나율 존자가 대답하였다.

"마하가섭 존자가 지금 파바와 쿠시나가라 성 사이에서 대비구 500명과 함께 오고 있는데 그가 생각하기를 '나는 부처님의 시신을 다비(화장)하기 전에 친견하여야 하겠다' 하니 하늘이 가섭의 마음이 이러함을 아는 까닭에 불을 끄는 것이오."라고 하였다. 말라 족의 아들들이 말하였다.

"대덕 아나율이여, 그렇다면 잠시 멈추어서 하늘의 뜻을 이루게 하겠습니다."

• 부처님이 열반에 드신 지 7일이 되었는데……

그때에 마하가섭이 쿠시나가라 성을 향해 오면서 꽃을 들고 길을 가는 사람을 만나 세존의 안부를 물으니 그가 대답했다.

"지금 세존께서는 세상에 계시지 않습니다. 이미 열반에 드신 지 7일이 되었는데 저희들이 거기에서 이 꽃을 가지고 오는 것입니다."

그때에 마하가섭이 이 말을 듣고 슬퍼하였고 어떤 비구는 땅에 쓰러지고, 다른 비구들도 땅에 쓰러져 말하였다.

"부처님의 열반이 어찌 그리 빠르신가?" 하고 통곡하였다.

• 경전 결집의 동기

그때 발난타 비구가 대중 가운데 있다가 비구들에게

말하였다.

"스님네들이여, 울음을 그치시오. 너무 근심 걱정을 하지 마시오. 우리들은 마하라에게서 해탈을 얻었는데, 그가 살아 계실 적에 여러 차례 우리들에게 가르치시기를, '이는 마땅하고 이는 마땅치 않다. 이는 해야 하고 이는 하지 말아야 한다.' 하셨으니, 우리들은 이제 마음대로 하고자 하는 것은 하고, 하기 싫은 것은 하지 않아도 되게 되었소."

그때에 마하가섭이 이 말을 듣고 슬퍼하면서 500비구들에게 길을 재촉하였다. 빨리 가면 부처님의 시신을 다 태우기 전에 뵐 수 있다는 희망을 안고 부지런히 걸어서 마침내 열반지에 도착하였다. 마하가섭이 아난다에게 말했다.

"아난다여, 나는 세존의 시신을 다 태우기 전에 뵙고자 하오."

아난다가 말하였다.

"곧 다비(화장)가 시작되기 직전이어서 아마 어려울 것입니다."

그때 마하가섭이 부처님 다비장에 이르니 세존의 관과 곽이 저절로 열리면서 부처님의 두 발이 쑥 나왔다. 마하가섭 일행이 부처님의 두 발에 예배를 올리니 저절로 두 발은 관 속으로 들어가고 불이 붙어 화장이 되었다. 부처님의 다비를 마치고 나서 마하가섭 존자는 발난타 비구의 발언에 대하여 우려하며 어서 빨리 부처님의 가르침을 모아 두어야 한다고 생각했다.

또한 경전과 율장을 결집해야 외도들이 "사문 고타마의 법과 율은 연기와 같다. 그가 살아 있을 때는 제자들이 가르침과 계율을 배우더니 이제 죽고 없으니 계율을 배우는 이가 없구나. 하지 못하게 되겠소."라고 비방하지 않을 것이라고 생각하였다.

제1차 경전 결집 – 500 아라한

"여러 비구들이여, 이제 잘 생각해서 들은 것이 많고 지혜롭고, 아라한인 비구를 추천하시오."

그때 비구들이 499명을 뽑았는데 모두가 아라한이고

들은 것이 많고 지혜로운 사람들이었다. 이때에 비구들이
말하였다.

"아난다는 수효에 채우자."고 제안하였다. 그러나 마
하가섭이 반대했다.

"아난다를 수효에 채우지 마시오. 왜냐하면 아난다는
아직 깨달음을 얻지 못했소. 그러므로 수효에 채워서는
아니 되오."

그때에 비구들이 다시 말했다.

"아난다는 부처님의 시봉을 25년이나 한 사람으로서
항상 부처님을 따라다녔고, 부처님께 친히 가르침을 받았
소. 그는 분명히 곳곳에서 의심되는 것을 세존께 물었을
것이니, 그러므로 이제 반드시 수효에 채워야 합니다."

그리하여 마침내 아난다를 수효에 넣었다. 아난다는
법이 오래 머물게 하기 위해서는 자신이 무슨 일이라도
할 수 있다는 마음으로 용맹정진 끝에 깨달음을 이루어
500아라한이 모여 있는 칠엽굴로 들어갔다.

깨달음을 얻고 들어오는 아난다에게 마하가섭이 자리

를 권했다.

"아난다 존자시여! 이 높은 자리에 오르시지요."

대중을 향하여 아난다 존자는 경을 송출하고, 우바리 존자는 율을 송출하였다.

 여시아문(나는 이와 같이 들었사오니)

칠엽굴은 그리 밝지 않았다. 약간 어두운 칠엽굴 법좌에 오른 아난다를 보고 500대중은 다시 부처님을 뵈옵는 것처럼 감동하였다. 그리고 대중들은 세 가지 의심을 하였다.

첫째는 우리 석가모니 부처님이 다시 살아오신 것인가?

둘째는 타방 부처님이 오셨는가?

셋째는 아난다 존자가 진리를 깨달아 오셨는가?

그때 아난다 존자는 "여시아문(나는 이와 같이 들었사오니), 나는 부처님께 이와 같이 법문을 들었사오니 일시에(어느 때에)……"라고 경을 송출하였다.

대중들의 의심은 풀렸고, 아난다 존자는 팔만대장경 법문을 다 외워 내어 부처님의 가르침이 이 세상에 전해지도록 하였다. 또한 모든 계율은 우바리 존자가 외워 내었다. 그리하여 500아라한 대중은 중인도 마가다 국 라자가하 동북쪽에 솟아 있는 기사굴산(영취산) 칠엽굴에서 마가다 국 아사세 왕의 후원으로 제1차 경전 결집을 하였다.

그래서 이 세상에 거룩하신 부처님의 가르침인 팔만대장경이 탄생하게 된 것이다. 2,600년이 흐른 오늘날까지 우리들이 부처님의 가르침을 만날 수 있게 된 것은 바로 그날의 경전 결집이 있었기 때문이니, 불교사에서 부처님의 성도 이후 가장 거룩한 장면이라 해도 과언이 아니다.

15

팔상성도
八相成道

중생의 빛, 인류의 스승 석가모니 부처님의 위대한 생애

석가모니 부처님이 이 세상에 오신 것은 모든 인류의 보람이며, 기쁨이다. 부처님이 이 세상에 계신 생애는 겨우 80년이지만 그 가르침은 많은 세월이 지날수록 빛을 더해가며 우리에게 절실하게 다가오는 진리의 가르침이다. 이 세상에 인류의 마음이 있는 한, 부처님의 한없이 커다란 가르침은 살아 있을 것이며, 우리를 인도할 것이다.

인류의 빛이시며, 대도사이신 부처님은 지금으로부터 2,600여 년 전 인도의 카필라 성 정반왕의 태자로 태어나셨다. 카필라 성은 평화롭고 아름다운 착한 정치를 한 부강한 나라였다. 그런데 그 나라에도 걱정이 있었으니 나라를 이을 태자가 없어 온 국민이 근심하던 차에 꽃 피고 새들이 노래하는 봄날에 룸비니 동산에서 태자가 태어나셨다. 태자의 이름은 모든 일을 다 성취하라는 뜻에서 '싯다르타'라고 지었다. 그분이 후일 왕궁을 떠나 6년 고행으로 진리를 깨달아 붓다가 되신 석가모니 부처님이시다.

1
도솔래의상

도솔천에서 사바세계로 내려오시는 모습

부처님께서 이 사바세계에 오신 까닭은 탐내고 성내고 어리석은 번뇌로 고통 받는 우리 중생들에게 그 고통으로부터 벗어날 수 있는 대안락(大安樂)·대자유(大自由)·대해탈(大解脫)의 진리를 깨우쳐 보이시고, 우리 중생들도 대해탈의 진리를 깨달아 고통에서 벗어나게 하시기 위해 이 사바세계에 오셨다.

2
비람강생상

인도 카필라 국 룸비니 동산에서 태어나시는 모습

부처님의 탄생은 그 태어나시는 모습 자체가 이 세상 어느 누구도 따를 자가 없다. 꽃피고 화창한 봄날, 모든 생명이 환희로 약동하고 희망이 넘치는 좋은 계절에 지구의 중앙 인도 카필라 국에 갓 태어난 태자는 바로 일곱 걸음을 옮기고 오른손은 하늘을, 왼손은 땅을 가리키며 "하늘과 땅 위에 오직 나 홀로 높네. 모든 중생이 고통 속에 있으니, 내 마땅히 이를 편안케 하리라." 하고 외치셨다.

3
사문유관상

동서남북 사대성문을 유람하면서 생로병사의 고통을 보다

카필라 성 싯다르타 태자의 궁중 생활은 최상의 부귀영화로 가득 찬 생활이었다. 하지만 태자는 편안하고 안락한 왕궁 생활에 만족하지 않고 백성들의 삶의 실상을 알기 위해 성문 밖을 유람한다. 거리는 깨끗이 정리되어 꽃과 향으로 단장하고 태자의 행차를 환영하는데, 동문에서는 노쇠해 힘없는 노인을 보고, 남문에서는 병든 환자를 보고, 서문에서는 슬피 오열하는 죽음의 행렬을 보게 된다. 태자의 마음은 모든 중생이 늙고 병들고 죽는 고통에서 벗어나야 한다는 연민심으로 가득하여 북문에서 출가 사문을 만나 희망에 가득 차서 출가 수도할 마음을 갖는다.

4
유성출가상

성을 넘어 출가하시는 모습

싯다르타 태자 나이 29세, 인간의 근원적인 생로병사의 고통을 해결하기 위하여 왕궁의 부귀영화와 권력을 모두 버리고 성을 넘어 구도의 길을 떠난다.

5
설산수도상
히말라야 산기슭에서 고행하시는 모습

6년 동안 이 세상에서 가장 어려운 고행을 감내하신다. 먹고 자는 것도
잊어버리고 몇 톨의 낟알과 한 모금의 물로 하루를 지내다 보니 그의 눈
은 해골처럼 움푹 파이고 뼈만 남은 앙상한 몰골로 변해갔지만 이 참담
한 고행은 계속되었다. 어떠한 수행자도 이처럼 어려운 고행을 한 사람
은 과거에도, 현재에도, 미래에도 없다고 부처님은 제자들에게 회고하
셨다.

6
수하항마상

보리수 아래서 모든 번뇌와 마군중을 항복받고 바른 깨달음으로 성불하는 모습

왕궁을 떠나 6년 고행 후 35세에 모든 번뇌, 생사의 고통에서 해탈하여 정각을 이루어 부처님이 되셨다. 부처님께서 깨달으신 진리는 연기법으로

"이것이 있으므로 저것이 있고 이것이 생김으로 저것이 생긴다.
이것이 없으므로 저것이 없고 이것이 사라짐으로 저것이 사라진다."
―『잡아함경 제14』

이 연기법(인연법, 인과법)은 선을 쌓으면 복을 받고 악을 쌓으면 벌을 받는다는 아주 쉬운 진리다.

7
녹원전법상

최초로 녹야원에서 설법하시는 모습

붓다가야 보리수 아래에서 성불하시어 먼 길을 맨발로 걸어 바라나시 녹야원(사슴동산)까지 가시어 6년 동안 함께 고행한 5비구에게 설법하시고 45년 동안 하루도 쉬지 않고 설법하셔서 팔만대장경이라는 거대한 법을 남기셨다. 참으로 부처님의 가르침은 3천년 그 전에도, 3천년이 지난 오늘에도 우리들 마음속에 영원히 꼭 필요한 가르침으로 남아 있다.

8
쌍림열반상

사라나무 사이에서 열반에 드시는 모습

오랜 구원겁 전에 이미 성불하시어 부처님이 되어 이 사바세계를 구제
하러 오셔서 출가하고, 고행하고, 성불하고, 교화하시는 모습을 보이
며, 중생들에게 불법을 다 가르치시고 다시 부처님 세계, 열반의 세계
로 가셨다.

16 대보부모은중경
父母恩重經

부모님의 은혜 10가지(多生父母 十種大恩)

한때 부처님께서 사위국의 기원정사에서 많은 비구·보살마하살과 함께 계실 때의 일이었다. 그때 부처님께서 대중을 거느리고 걸어가시다가 들판에서 한 무더기의 마른 뼈를 발견하셨다. 그러자 부처님은 오체투지하며 그 뼈에 절을 하셨다. 대중 속에서 이를 보던 아난다가 깜짝 놀라 뛰어나오며 말했다.

"부처님은 여러 사람들이 귀의하고 공경하는 삼계의 큰 스승이십니다. 어찌하여 이런 마른 뼈에 그토록 정중하게 예를 올리십니까?"

그러자 부처님은 아난다에게 다음과 같이 말씀하셨다.

"아난다야, 네가 비록 출가한 지 오래된 훌륭한 내 제자이지만 아직 모르는 게 있구나. 이 한 무더기의 마른 뼈는 전생의 조부모 혹은 오랜 세월에 걸쳐 인연을 쌓았을 부모일지도 모르느니라. 그래서 나는 예를 올린 것이다."

이렇게 시작하여 대보부모은중경이 설해지셨고 하늘보다 높고 바다보다 깊은 부모님의 은혜 10가지를 말씀하셨다.

1
잉태하여 10달 동안 지키고
보호해 주신 은혜
회탐수호은(懷耽守護恩)

여러 겁에 이어지는 무거운 인연
금생에도 모태에 다시 의지해
달수가 차갈수록 오장 생기고
일곱 달이 지나면 육정 열리네.
어머니 몸 태산같이 무거워지고
움직일 때 찬바람이 무서워지며
비단옷 도무지 걸치지 않고
화장대엔 먼지만 쌓이게 되네.

2
낳으실 때
고통 받으신 은혜

임산수고은(臨産受苦恩)

아이를 가진 지 열 달이 지나
참기 힘든 해산날에 이를 즘이면
아침마다 중병 든 사람과 같고
나날이 정신은 혼미해지네.
두렵고 겁난 마음 어찌 다 알까
근심하는 눈물 흘러 옷깃 적시네.
슬픔을 머금은 채 윗전 아뢰길
이러다가 죽지 않나 겁이 납니다.

3
낳으시고
근심을 잊으신 은혜

생자망우은(生子忘憂恩)

자비하신 어머니가 그대 낳은 날
오장 육부 터지고 갈라지는 듯
육신도 마음도 기절하는 듯
양을 잡듯 피 흘리며 괴롭더라도
갓난아이 충실하단 말을 들으면
즐겁고 기쁜 마음 비할 데 없네.
기쁨이 가라앉고 슬픔 생기니
고통이 온몸에 사무치도다.

4
쓴 것은 삼키시고 단 것은 먹여 주신 은혜

연고토감은(咽苦吐甘恩)

무겁고 깊은 것은 부모님 은혜
사랑하고 베풂은 쉴 틈 없으니
단것은 자식 주며 드시지 않고
쓴 것을 삼키셔도 얼굴 환하네.
사랑이 크고 중해 참기 어렵고
은혜가 깊음에도 슬픔 더하니
오직 아이 배 부르길 바랄 뿐이라
어머니는 배고픔도 감수하시네.

5
자식은 마른 자리에 눕게 하고
당신은 젖은 자리에 누우신 은혜

회간취습은(廻乾就濕恩)

어머니는 젖은 자리 누울지라도
아이는 마른 자리 눕게 하시며
젖 먹여 목마름 달래 주시고
옷소매로 찬바람 가려주시네.
한결같은 사랑에 잠조차 잊고
어린아이 재롱에서 기쁨 찾으며
오직 하나 아이만을 편하게 하며
어머니는 편함을 구하지 않네.

6
젖을 먹여 길러 주신 은혜

유포양육은(乳哺養育恩)

어머니의 높은 은혜 땅과도 같고
아버지의 높은 은혜 하늘과 같네.
하늘 덮고 땅 실음과 다름없듯이
부모님의 마음 또한 그와 같아라.
두 눈이 없다 해도 미워하잖고
손과 발이 장애라도 싫어 안 하네.
배 아파 낳은 핏줄 자식들이라
종일토록 아끼시며 사랑 베푸네

7
더러움을
씻어 주신 은혜
세탁부정은(洗濯不淨恩)

지난날 고왔던 어머니 얼굴
아리따운 몸매는 깊고 소담해
푸른 눈썹 버들빛을 가른 듯하고
붉은 뺨은 연꽃빛을 빼 닮았으나
은혜가 깊을수록 고운 빛 바래
더러움을 씻을수록 야위어지고
오로지 아들딸을 사랑하느라
어머니의 얼굴은 상해가누나.

8
자식이 멀리 출타하면
걱정하시는 은혜

원행억념은(遠行憶念恩)

죽어 이별 참기도 괴로웁지만
생전의 이별 역시 아픔은 같고
자식이 먼 곳에 나가게 되면
어머니 마음도 함께 떠나네.
밤낮으로 자식 생각 쉴 틈 없으니
하염없는 눈물은 천만 줄기라.
울며불며 새끼 찾는 원숭이같이
걱정하는 마음에 간장 끊기네.

9
자식을 위해
고생하시는 은혜

위조악업은(爲造惡業恩)

아버지 어머니는 강산과 같아
깊고 중한 은혜는 갚기 어려워
아이들의 괴로움을 대신 받으며
아이들이 힘들 때면 편안치 않네.
먼 길을 떠난다는 말을 들으면
여행길 잠자리 추위 걱정해
아들딸이 잠시라도 괴롭게 되면
오래도록 어머니는 마음 졸이네.

10
끝까지
사랑해주시는 은혜

구경연민은(究竟憐愍恩)

부모 은혜 깊고도 무거운지라.
베푸시는 사랑은 쉴 틈이 없어
언제나 마음은 자식 따르고
멀든지 가깝든지 생각 따르네.
어머니 연세가 백 세 되어도
여든 된 아들 걱정 여전하시니
이와 같은 부모 은혜 언제 다할까
목숨이 다해야 끝나게 되리.

1
신흥사 부처님 교화공원 조성불사 취지문

불교에는 삼장 8만 4천 대장경이 있고, 인도 땅에는 헤아리기 어렵게 많은 불교 유적과 성지가 있다. 그러나 그 어느 경전이나 유적, 성지에도 부처님의 생애와 교화사(敎化事)를 한 눈에 알아볼 수 있도록 체계 있게 밝혀 놓은 곳은 없다. 부처님의 교화사를 알아보기 위해서는 율장(律藏)을 비롯한 수백 권의 경전을 열독해야 되고, 인도 땅과 히말라야의 남쪽 자락을 수백 일 동안 답사해야 하겠지만 그렇게 한다 해도 역시 흐뭇하지는 못할 것이다.

전 세계에서 떠나 온 수백만의 불교성지 순례객들이 해마다 인도 땅을 찾아가고, 우리나라의 불자들도 예외 없이 수만 명씩 성지를 찾아가 참배하지만, 보고 오는 것은 크고 작은 탑파(塔)나 여기 저기 터만 남은 가슴 아픈 유적뿐이다. 불교성지순례가 불 꺼진 유적이나 참배하는 데 그치는 것은 참으로 애석한 일이다.

부처님께서 미혹 중생들을 교화하시어 깨닫게 하시는 상황을 재생하여 보며, 부처님의 자비로우신 음성을 직접 듣는 듯 느껴 볼 수 있다면, 오늘의 우리에게 이보다 더한 행복은 없을 것이다. 이러한 취지로 신흥사는 세계 최초로 부처님의 교화공원을 조성하고자 한다.

이 공원에 들어서면 부처님께서 깨달음을 이루시기 위해 설산에서 6년간 피골이 상접하도록 고행하신 모습을 시작으로 하

여 교화 45년의 주요장면을 거쳐 쿠시나가라의 사라쌍수 아래
에서 열반에 드시기까지의 과정을 공원의 산책로를 따라 사실
적으로 관람하게 될 것이다. 그러므로 교화공원은 세계 유일의
명소가 될 것이며, 이곳 화성에는 우리나라 불자들만이 아니라
세계의 관람객이 구름처럼 모여들게 될 것이다. 교화공원의 의
도는 중요한 교화사(敎化事)들을 명확하게 알게 하는 데 있다.

부처님께서 성도하신 후에 바라나시(베나레스)의 녹야원(鹿野
苑: Migadaya)에 가시어 5비구에게 최초의 설법을 하셨다 함은 모
두가 다 아는 사실이지만. 그때 부처님께서 무엇을 설(說)하셨는
지, 그리고 아야교진여 등 5비구는 무엇을 깨닫고 '아라한'이 되
었는지 아는 사람은 많지 않다. 교화공원에서는 그것을 명확히
알게 될 것이다.

다음으로 부처님께서는 바라나시에서 으뜸가는 장자의 아
들 야사(Yasa)의 출가를 허락하시어 깨닫게 하시고, 야사의 친구
오십 명의 출가를 이어서 허락하시어 깨닫게 하시니, 모두 '아라
한과'를 얻게 하시었다. 이때 부처님께서는 야사 등 55인의 아라
한들에게 전도의 길을 떠나도록 분부하시며 "같은 길을 두 사람
이 함께 가는 일이 없게 하라" 이르시었다.

그러면 야사 55인의 아라한과 미가다야(녹야원)에서 깨달음
을 성취한 5인의 아라한이 세상에 무엇을 알리기 위해 전도의

길을 떠났는가?

혹시 가지고 떠난 경전이라도 있었던가?

이것을 아는 사람도 결코 많지 않다. 교화공원에서는 이것을 알게 한다.

많은 경전의 첫머리에, 부처님께서는 "천이백오십 인의 대비구중(大比丘衆)과 함께 계시었다."고 말씀되어 있는데, 부처님 회상의 상시 대중인이었던 천이백오십 인의 비구는 어떤 사람들로 이루어졌던가? 이 궁금함도 교화공원에 들어오면 자연히 풀리게 된다.

세상사람 모두, 우리 모두가 꼭 알아야 할 부처님의 교화사들이 많이 가려져 있다. 교화공원은 가급적 폭넓게 이를 수용하여 관람객들을 감탄시킬 것이다. 교화공원의 명성이 해외에까지 퍼져 나가면 이 일이 어찌 신흥사(新興寺)만의 보람이겠는가. 관광 화성의 발전 동력이 되고, 경기도 더 나아가 대한민국의 자랑이 될 것임이 틀림없다!

이런 취지로 부처님의 교화공원을 신흥사 둘레의 넓은 산림에 조성코자 한다.

최유심(불교신문 前 주필)

2

신흥사 부처님 교화공원 안내문

부처님 교화공원은 부처님의 위대한 생애와 사상 그리고 중생 교화사(敎化事) 중에 중요한 사례를 형상화하여 중생을 위해 고행하시고 중생에게 삶의 지혜를 주신 부처님의 음성을 직접 듣는 듯 느껴볼 수 있도록 조성하였습니다. 자비로우신 부처님의 가르치심을 듣고 모두 밝고 행복한 삶을 누리시기 바랍니다.

인도 부처님 성지를 순례하면 부처님이 그리워지고 성지에 쌓아 올린 붉은 벽돌을 접하면 더욱 부처님이 그리워집니다.

그래서 이 교화공원에 상징적으로 죽림정사와 기원정사를 작게 세우고 붉은 벽돌을 쌓아 인도의 부처님 성지를 더욱더 느낄 수 있도록 하였습니다.

또 이곳은 부처님의 진신사리 108과가 열한 분의 부처님 복장에 모셔져 있는 적멸보궁입니다. 사리의 공덕은 모든 불사를 다 성취하여 중생을 안락하고 이롭게 하려는 우리 부처님의 서원이 담겨 있습니다. 지극한 정성으로 기도 정진하여 뜻하는 모든 것을 성취하시기 바랍니다.

3
사리 신앙의 유래와 이운 연기

부처님께서 《금광명경》〈제17 사신품〉에 사리 신앙에 대하여 상세히 말씀하여 주셨다.

• 부처님 진신사리 찬탄 게송

세세생생 부처님 인행 시에 한량없는 육바라밀 공덕을 지어

계 · 정 · 혜 삼학을 훈수하여 지극한 수행의 결정체로 사리가

　　되었네.

이 사리는 매우 얻기 어렵고 제일가는 복전이라

우리 세존 500생을 드나드시며

중생제도 하시느라 목숨 바치기를

한량없이 하셨어라

어느 때는 사람의 왕이 되어 목숨 바치고

어느 때는 사슴의 왕 되어 모든 짐승 구하고

어느 때는 원숭이 왕 되어 그들 구하고

어느 때는 어진 왕자 되어 굶주린 호랑이 구하여

몸과 목숨과 살과 피와 골수까지 버리니

뼈와 골수 모두 영롱한 사리 되었네.

부왕 마하라타 대왕과 어머니 왕비는

이로써 사리 신앙의 유래가 되었고, 이 사리는 매우 얻기 어렵고 제일가는 복전이 된다고 하시었다.

근래 사리 이운의 연기

우리 석가모니 부처님께서 인도 쿠시나가라 사라쌍수 아래에서 열반에 드신 후 다비하여 인천(人天)의 복전(福田)인 불사리(佛舍利)를 남겨 주셨다. 그리하여 불사리는 인도 전역에 모셔졌다. 불사리는 인도에서 중국에 이운되었고, 해동 우리나라에는 인도에서 가야시대, 백제시대, 신라시대에 이운되어 등상불 복장과 사리탑에 모셔졌다.

• 스리랑카 담마팔라 대사께서 용성 대사께

한편 오랜 세월이 흐르는 동안 인도의 불적성지가 폐허가 되어 있는 것을 안타까이 여긴 스리랑카 담마팔라 대사가 국적을 인도로 바꾸고 대각회를 창시하여 불타의 불적성지를 가꾸었다. 담마팔라 대사는 해동 조선에 용성 도인이 계심을 알고 조선을 방문하여 용성 조사와 만나 문답을 한 다음 선지식임을 터득하고 합장 예배하면서 자신의 호신 불사리 3과를 용성대사에게 증정하였다.

• 일본 후지 대사께서 용성 대사께

또한 일본의 고승이자 법화행자인 후지(富士) 대사 역시 용성 조사가 몽중마정불 수기를 받은 대도인임을 담마팔라 대사로부터 듣고 용성 대사를 만나 일본이 조선을 침략한 무례를 사과하고 자신의 호신 불사리 3과를 증정하였다.

• 용성 조사께서 동헌완규 조사께→불심도문 법사께

그 후 용성 조사는 불사리 1과씩을 각각 서울 종로 조계사와 백양사에 모시도록 기증하였고, 나머지 불사리는 제자 태현 스님에게 전수하였고, 태현 스님은 동헌완규 조사에게, 동헌완규 조사는 불심도문 법사에게 전수한 바 용성 조사의 유훈에 따라 영남의 명산에 시절 인연이 도래하면 불사리 석탑을 모실 것을 서원하고 있다.

또한 1958년 11월 22일~12월 3일까지 태국 방콕에서 개최
된 제5차 세계불교도대회에 한국불교 대표로 참석하신 동산혜
일 대종사께서 귀국길에 남방불교 고승들로부터 증정 받은 불
사리 8과를 사제인 동헌완규 조사에게 봉정하였다. 그리고 서
기 1970년도에 한국에서 개최한 세계불교지도자대회에 참석한
남방불교의 고승들이 용성진종 조사 유훈실현후원회에 증정한
호신불사리를 다시 동헌완규 조사에게 봉정하였고, 동헌완규
조사는 불심도문 법사에게 불퇴전의 원력이 있는 처소에 불사
리를 봉안할 수 있는 지혜와 복덕과 자비가 넘치는 곳에 봉안하
라고 당부하였다.

한편 남방불교 불멸기원 2519년(서기 1975년) 미얀마에 대지
진이 발생하여 쉐지곤 대탑이 붕괴되었다. 그때 대탑에서 나온
불사리 일부를 미얀마의 우위자난다 대승정이 모시고 있다가
불심도문 법사에게 기증하고, 불사리의 유래에 대해서도 알려
주었다.

우리 석가모니 부처님께서는 열반에 드시고 그 얻기 어려운 사리가 여덟 섬 너 말 출현했다. 그때 여덟 나라에서 나누어 모시고 인도를 처음 통일한 불심 깊은 아쇼카 대왕이 8만 4천 탑을 세워 소중히 모신 사리를 용성진종 조사, 동헌완규 조사, 불심도문 법사께서 스리랑카, 인도, 미얀마, 승정·고승으로부터 기증 받아 정대봉수하신 소중하고 귀한 사리이다.

도문 큰스님께서는 높으신 뜻으로 신흥사 부처님 교화공원 부처님께 모시고자 하여 '용성진종조사 유훈실현후원회' 수승행 한명옥 회장님이 모시고 오셨다.

불심도문 삼장법사는 신흥사 주지 오성일 스님으로부터 신흥사 창건 내력과 평창 오대산 월정사 조실 탄허 큰스님의 대방광불화엄경 합론 간행 시에 교정을 보고 교정된 원고를 독송하며 점검한 인연을 지었고, 또 신흥사를 중·창건하는데 불사가 계속적으로 진행 중에, 불심도문 법사께서 서울교대 불교학생회 지도법사로 계실 때 신심 있던 여학생이 출가하여 성일 스님의 상좌가 된 이야기를 듣고, 23년간 은사스님을 모시고 고된 수행과 쉬지 않는 포교와 건축불사로 열심히 수행 정진하고 있는 선관 스님이 고마워서 수많은 사람들에게 포교할 수 있는 신흥사 부처님 교화공원 열한 분의 부처님 복장에 사리를 모시도록 하여 불사 성취를 발원하면서 희사하셨다.